翻轉學

翻轉學

不善社交的內向人，怎麼打造好人脈？

矽谷人不聚會、少出門，也能與人高效連結的「關鍵人脈術」

竹下隆一郎——著　李韻柔——譯

内向的な人のためのスタンフォード流 ピンポイント人脈術

目錄

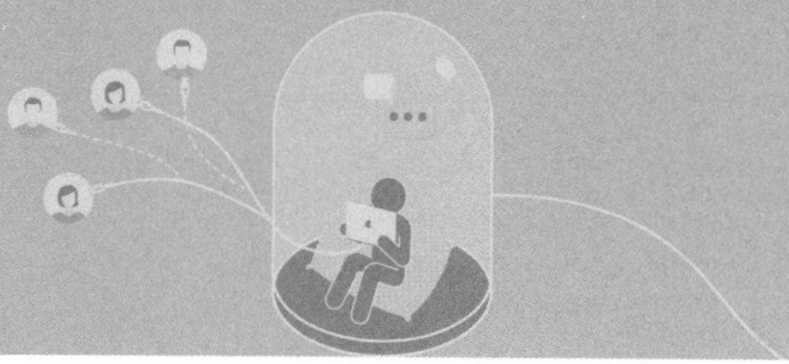

第2章 我在史丹佛學到的關鍵人脈術

第3章 關鍵人脈帶來的三大好處

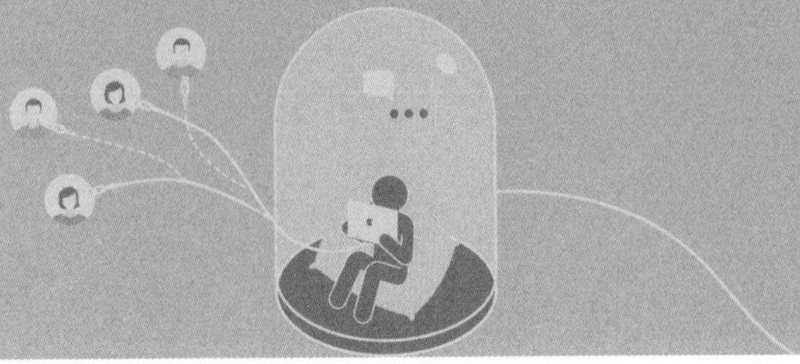

好評推薦

「相較於外向人，內向人的社交能量更顯得珍貴。作者提出的『精準社交』思維，值得所有內向人學習。」

——蘇益賢，臨床心理師

推薦序

打造內外向人都覺得自在的友善環境

——矽谷阿雅，《夢想追不到就創一個》作者、前矽谷臉書產品經理

這不僅是一本教內向人敞開話題的書，也是一本教內向人身邊的人如何創造「內向友善」環境的書，而打造內向友善的環境，才能讓團隊激盪出更好的想法。書裡有觀念也有具體方法，無論是想建立人脈的內向人、外向人或主管，都很受用！

由於我是外向人，因此跟不同個性的人特別容易相處，我身邊從家人到同事，大多數都是內向人，包括我的男友矽谷廚師「矽谷吉姆」，他可是連派對上有幾個不認識的人都會不自在的超級內向人。這些人雖然不喜歡跟陌生人說話，甚至不善言詞，但對某

些事物卻有特別強烈的熱情，因此我特別喜歡書裡的三個觀點！

做自己！很多人一提到人脈，就會想到強迫自己去跟討厭的人講自己沒興趣的事。其實，剛好相反，就像書裡提到的，從「寫下自己的熱情」開始，例如：與其只寫下自己的的職稱「我是記者」，不如寫下「我想創造多元對話的社會」，接著找自己喜歡的人，談自己喜歡的事！

我是一個海派、人來瘋的人，但有一次「矽谷吉姆」向我抱怨，我花太多時間在朋友上，卻忘了關心他。我才意識到，我忘了身邊最親近的人！因此，我很喜歡書中提到的，不忘重視家庭的人，才能真正打造好人脈！

矽谷公司在團隊的建立，最提倡的一點莫過於「多元化」，因為多元的團隊有助於激盪想法、做出更好的決定，而「多元」指的不只是種族、性別，其實個性才是最重要的關鍵之一。因此，營造一個內外向人都覺得舒服的環境很重要。書中就提到，他們為內向人辦活動，沒有特別主題，讓大家覺得只是來喝杯咖啡，聊兩句就可以走了。過去矽谷公司流行「完全開放式的辦公室」，但近年，也會添加為內向人保留不受打擾的空間，也是一樣的道理。

我帶領著充滿內向人的團隊，也與內向男友「矽谷吉姆」朝夕相處，這本書帶給我新的想法、做法，相信也能幫助到你！

推薦序

終極的人際關係，就是跟「自己」的關係

——褚士瑩，作家、國際NGO工作者

幾乎每年，我都會在我所帶領的哲學工作坊中，特別安排一場關於「人際關係」的主題，從哲學的角度、用邏輯思考的方法，幫助為人際關係所苦的人，梳理自己的人際關係。

雖然一開始說的是各式各樣的人際關係，跟同事、跟家人、跟朋友，但毫無例外，每一次的討論，最後都會指向我們跟自己的關係，跟自己關係好的人，人際關係都不會太差，為人際關係苦惱的人，跟自己也處不好。說到最後，**終極的人際關係，原來就是我們跟「自己」的關係**。

有趣的是，日本媒體人竹下隆一郎，在這本書裡，也從管理的角度，應證了我們在哲學思考中得到的結論。

如果說真正的人際關係，就是成為一個自己喜歡的人，那麼「關鍵人脈」，就是找到幾個自己真正喜歡的人，成為團隊，一起做喜歡的事。

竹下隆一郎認為，人脈不必多，先從找到七個「跟自己頻率合的人」開始，就可以了。但我也會時常提醒準備出社會的年輕人，你喜歡的人，不能都在同溫層中，否則容易變得偏激，以為全世界的人都是這麼想的，或是都應該這麼想。

為了增加多元性，我通常建議這一小群人當中，至少要有三個跟自己類型完全不一樣的人：一個跟自己社經地位完全不同，一個跟自己年齡世代不同，還有一個跟自己母語不同。因為這三種人，都會幫助我們看到自己的角度看不到的盲點，幫助自己成為一個像具有昆蟲複眼般立體觀點的人。

無獨有偶，竹下隆一郎建議使用「紙筆」來對話，這跟我們在哲學諮商中所使用的技巧也非常相似，因為書寫會讓我們思考的速度慢下來，有利於把問題想得更透澈，表達得更簡潔，如果用文青一點的話來說，那就是要讓靈魂跟上我們的腦子。

我相信，無論是在全球一流媒體《哈芬登郵報》日本分部擔任總編輯的竹下隆一郎，還是任何一個覺得自己是討厭社交、沒沒無聞的內向人，我們面對的人際關係，其實都是一樣的，就是跟自己的關係，而跟自己的關係要好，就要訓練自己思考的能力，喜歡自己思考出來的想法，才有可能成為一個自己喜歡的人。

前言
與其泛泛之交，不如學內向人精準社交

「討厭與人打交道」這件事，一直困擾著我。

像是參加親友的婚禮，對我來說很麻煩，連換上西裝都提不起勁。因為領帶和白襯衫會讓我想到，出門與人見面時的必要穿著。一旦穿上了，就很難在中途換下，一想到我必須這樣在場合上和許多人交談，我就不想脫掉身上的T恤和卡其褲。

不過，對方都特地邀請我了，不參加又說不過去。抱著這樣的想法，我穿著T恤和卡其褲前往婚禮會場，然後在大廳等宴會結束，向從會場走出來的親友悄悄傳遞祝福，便回家了。

雖然我也有和見過幾次面的平輩父母打招呼，對方卻明顯表現出對我的不滿。現在回想起來，我還真的非常失禮。

當我把這件事告訴別人，經常會得到這樣的回應：「你是不是很內向？」

回想起我在大學時，一個月會參加三、四次聚餐或聯誼，看起來，我應該屬於社交型學生。但對我來說，那也只是與朋友社交的延伸，我並不是很想去。

其實，**我是喜歡獨處的「內向人」，整天待在不明亮的房間裡足不出戶，沉浸在書海之中，這是我學生時代的樂趣**。外出時，我也是傾向一個人漫步街上，想想事情，這比較符合我原本的個性。

由於生性內向，讓我想要從事與出版相關的工作，因此在大學畢業後，我成為了《朝日新聞》的記者。

但記者的工作經常要與人見面，無論是諾貝爾獎得獎者等世界級名人，還是為了凶殺案而突然按電鈴採訪市民，幾乎所有人都是我採訪的對象。

在十四年的新聞記者生涯裡，我曾與上千人見面，並獲得他們寶貴的時間，我也盡全力採訪。

即使如此，建立「人脈」仍是讓我煩惱不已的事。

二〇一六年，我辭掉《朝日新聞》的工作，當時的公司員工人數有四千五百人。然後，我到網路媒體公司《哈芬登郵報》（*HuffPost*）日本版擔任總編輯，這裡的員工人數不到三十人，我認為這裡比較適合討厭與人打交道的我。

不過，我在《哈芬登郵報》擔任總編輯時，才注意到建立「人脈」和擔任記者時相比，反而變得更加重要。

在採訪或企業專訪時，「人脈」不可或缺。像是工作上，我常受邀參加「人脈拓展派對」（Networking Party）。各行各業的人會聚集在一起交換名片、互相介紹，這對媒體人來說是非常重要的場合。

但無論我如何與初次見面的人談笑風生，我們之間的交談也不會留下深刻印象。雖然大腦想著必須建立人脈，心裡卻想要早點回家洗澡，暢飲在便利商店買的高球雞尾酒（Highball）。

另一方面，媒體業有一種人，我稱為「人脈怪獸」。某媒體的總編輯，不停地和剛見面的創業家或廣告代理業者交換名片、聊天，名片夾越塞越蓬，派對結束後會再一起上街喝酒，建立「人脈」。在深夜一點，他還會在臉書（Facebook）發表和幾個朋友一起唱歌的照片，他們看起來都喝醉了。

此外，時常出入警局的記者前輩會掛著名牌，上頭大字寫著自己的名字，由於自己的名字已經讓警局的人記得，也跟警局關係不錯，偶爾還能打聽到不少祕密情報。這種傳聞不限媒體業，我想在任何商務場合都屢見不鮮吧？

有人每天晚上都安排聚餐、無差別交換名片、把主管的聯絡人名單變成自己的人脈，或者單方面想和「高層」建立關係，看著這些人的所作所為，我都會語帶嘲諷地說出：「做得真好。」

與此同時，我卻焦慮地覺得自己「必須改善討厭和人往來的個性」、「必須成為更有交際手腕的人」。

但無論經過多久，我都無法克服這個課題。

不過，最近我發現，因為時代的變化，「人脈怪獸」活躍的時代終於要結束了，這有兩個理由：

第一個是，隨著推特（Twitter）和臉書等社群媒體的發展，就算不依賴組織，自己也能輕而易舉和「真正想見的人」建立人脈。

過去，建立人脈就要像「人脈怪獸」，要和好多人聚餐、打高爾夫球，花時間贏得對方信任，然後透過引介才能接觸到自己「真正想見的人」。

而且，以前要知道誰和誰之間有聯繫是很難的，因為人脈是「不透明的」，所以得要透過對方不經意說出口，才能得知意想不到的連結，這種事經常發生。為了不錯過任何不經意的「一句話」，聽說我認識的廣告公司業務部長，會一直陪對方喝酒直到末班車時間。

但現在只要透過社群或私人信件發送訊息，就能直接聯絡到「想見的人」。臉書的朋友頁面也能看見他人的連結，這大大縮短距離、以最快的方式聯繫上自己「真正想見的人」。

第二個是，因為網際網路的誕生和科技革新，一個人能辦到的事驟增。

舉例來說，過去為了開發新商品，除了技術人員和行銷人員，還要加入業務和宣傳的同事，更要經過和多位主管及顧客的溝通和調整，必須借助很多人的力量才能使企畫順利推動。

雖然現在商業模式大同小異，但只要有了推特帳號，任何人都可以在網路上進行宣傳，也能透過募資平台籌措資金，也有人因為從事副業，讓自己工作擅長的領域增加兩、三項。

換句話說，就算不和許多人產生連結，只要一個人或少數人組成的小團隊也能進行工作。

時代產生巨大的變化。

所以，**與其成為「人脈怪獸」，不如和對自己重要的人締結「深厚關係」，不需要泛泛之交，在享受工作與生活的同時，還能讓人脈產生良好的成果。**

在這種時代的社交形式，我稱為「關鍵人脈」。

我討厭和人打交道，這點我已無法改變。

但像我這樣擅長獨處的「內向人」，也會有好幾個「親近的人」。也許是因為內向人與自己相處的時間很長，才能更直覺地知道自己「親近的人」是誰。**就算不社交，只要靠「關鍵人脈」也能與人相處、拓展人際。**

不只交際，現在也是要認真對待家人的時代了。

傳統新聞報社的女記者人數只占二〇%，但我現在服務的單位《哈芬登郵報》日本版，女記者人數已經超過半數。無論男女，都想達到工作與家庭的平衡。

這讓我重新檢視，過去總認為應該長時間工作的媒體產業與生存方式，澈底思考該如何與人相處。我想這不僅限於記者或編輯，就算是上班族或技術人員也是一樣。

我珍惜在家和家人相處的時間，也把時間留給「內向的」自己，平靜度過每一天。

你可能不擅長社交。

就算現在有社群媒體可以聯絡任何人，也不必和每個人聯絡。

與其追求膚淺的「人脈」，不如認真面對自己的內心。

我相信，只要和關鍵少數且喜歡的人精準社交，就會很順利。

這種「關鍵人脈術」和日本建立人際關係的方式不同，是我三十歲到美國史丹佛大學留學時的個人經驗，對我有遠大的影響。

我將在第一章詳述「為什麼關鍵人脈術能讓內向人變得活躍」。

第二章會介紹「我在史丹佛學到建立關鍵人脈的七種方法」。

第三章將提到「關鍵人脈術」應用於商務場合的方法和「三個好處」。

最後第四章是實踐篇，如何找到值得你「親近的人」，並與他交流，甚至把關鍵人脈變成團隊。

認為「好像很合拍」的人。

打從心底值得親近的人。

只有給你這種感覺的人，才能建立深厚且精準的人脈關係。

最後，讀完本書，若能得到「沒錯，我想和那個人建立關係」這種想法，將是我最開心的事。

建立人脈的方式隨時代改變

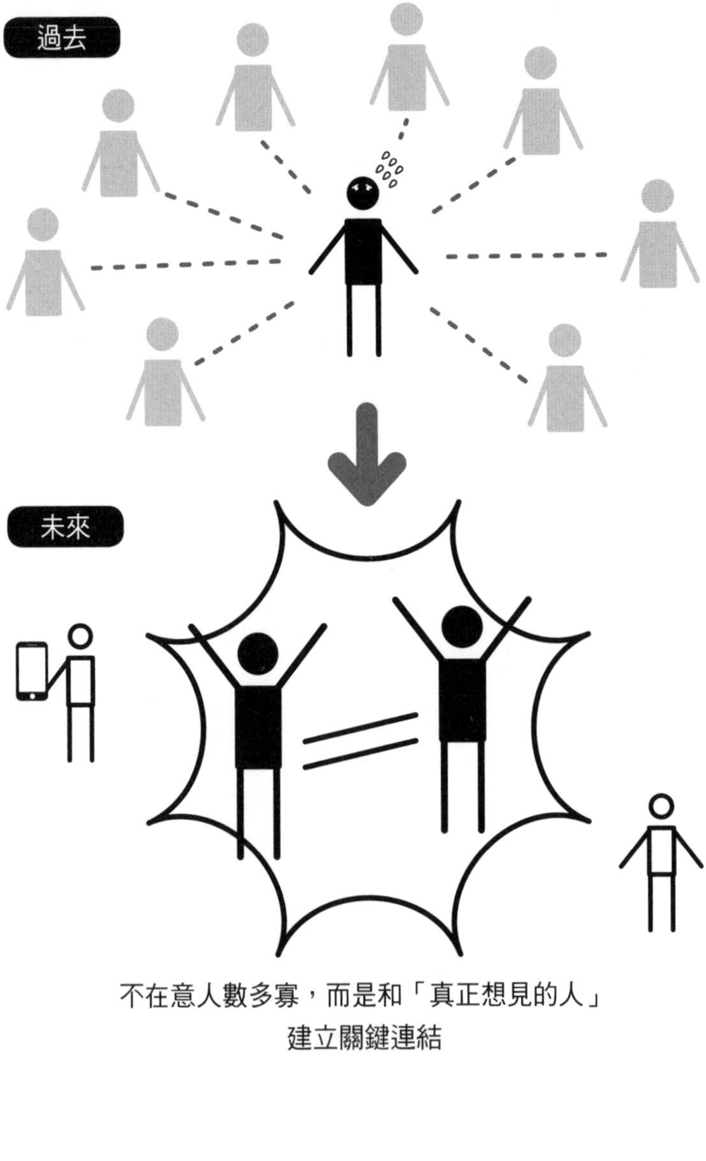

不在意人數多寡，而是和「真正想見的人」
建立關鍵連結

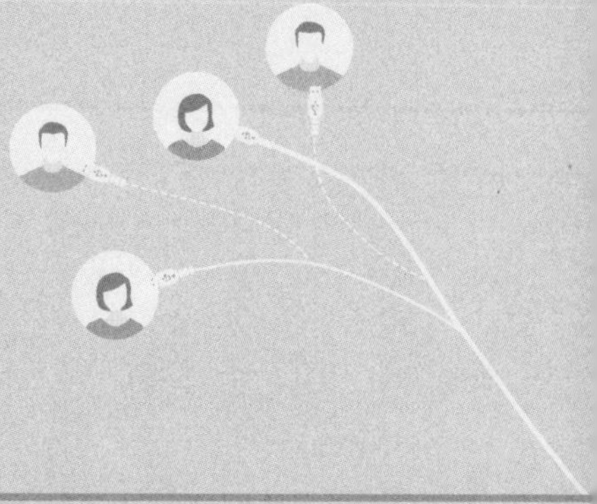

第 1 章

社群時代，讓內向人活躍的「關鍵人脈」

在網際網路，只要有一台電腦，就能讓一個人在網路上活動。換句話說，地球上只要有兩台電腦在網路上產生連結，就可以立即讓兩人自由地在網路上展開新的行動。

——村井純，日本網際網路之父、網際網路武士

01 為什麼現在是內向人能夠活躍的時代？

《哈芬登郵報》總部位於美國，在全球十國推出網路新聞，而且光是在日本的瀏覽人次每個月就超過兩千萬，各種資訊也是二十四小時不停地快速更新。

工作法、女性、LGBTQ*、外國與日本的文化差異等，是我們非常重視的新聞議題，也盡可能採訪各界人士。

我擔任媒體總編輯的同時，忙碌之餘也會調整自己內向的那一面，以取得平衡，並注意到社會上的「某種變化」。

如同我在前言提到的，和過去相比，現在要建立人脈變得更容易，不再需要依賴職位或地位。不僅如此，因為社群媒體的發展，就算我們不想跟別人有所連結，也會在不知不覺中與他人產生連結。

對人脈怪獸而言，變得更容易實現自己的願望，因為外向人可以更快速地交友，人脈越擴越廣，讓他看起來非常有能力。

那我為什麼會說「現在正是內向人能夠活躍的時代」呢？

「關鍵人脈」是什麼？
只聯絡自己想「親近的人」，真的會讓工作變順利嗎？

這些問題的答案，我將在第一章詳細說明。

＊ LGBTQ代表女同性戀者（Lesbian）、男同性戀者（Gay）、雙性戀者（Bisexual）、跨性別者（Transgender）、酷兒（Queer）和對其性別認同感到疑惑的人（Questioning）。

首先，為什麼就算不是人脈怪獸，內向人也能活躍呢？
先談談現今社會的四大潮流，分別是：

1.「逆金字塔型」的人脈
2. 個人活動不斷出現
3. 溝通加速
4. 享受「家中時光」的改革

我將依序說明。

02 潮流❶ 「逆金字塔型」的人脈

比起高層，「第一線員工」擁有更多關鍵人脈

首先要說明「逆金字塔」。

告訴我「逆金字塔」一詞的人是岡島悅子，她畢業於美國哈佛大學，曾待過三菱商事和麥肯錫（McKinsey & Company）等公司，現為企業經營顧問。

岡島悅子在著作《四十歲是當上社長的日子》（40歲が社長になる日）中，引用哈佛商學院教授琳達・希爾（Linda A. Hill）經常提到的「逆轉領導力」。在全球不斷創新

的兩百間企業中，就有十二間公司具備這個關鍵詞的特質。

根據岡島所說，過去的組織型態是，由金字塔頂端的領導者，不停吸收顧客和第一線員工的資訊，進而提出願景，帶領公司成長。

但未來的領導方向，是由第一線員工和顧客對話創造出共同需求，領導者再依據此資訊做出決策。

換句話說，領導者、現場、顧客的位置與過去相比，發生了逆轉，岡島稱為「逆金字塔」。

我覺得，這不僅限於組織，「人脈」也發生了逆轉。

可以預想類似的發展。

某家飲料廠商的行銷部長在新商品發表前，感到非常煩惱。為了向年輕消費者宣傳新包裝的茶飲，想和沒合作過的企業一起舉辦行銷活動，但他想不出好的合作對象。

由於這位部長在業界有著近三十年的資歷，於是他認為自己該好好活用過去培養的人脈，翻出好幾張名片，也跟業界的重要人物約了好幾次聚會和打高爾夫球，希望藉此找到合作對象。

他甚至找了前任部長留下來的「業界名單」，打算借用前人的資源，但得到的點子竟然都是安全牌。再這樣下去，他就要讓主管失望，自己可能也會失去升遷的機會，他感到越來越不安。

在他茫然、不知所措時，有位年輕社員拿著智慧型手機說：「我能跟這個人聯絡耶！」

螢幕上顯示的照片和個人資料，是大型汽車製造商的幹部臉書。這位部長拿著年輕社員的手機往下滑之後，看到他的臉書滿是和其他企業合作的活動照片和文章，看起來是個相當厲害的人物。

部長嚇了一跳說：「太厲害了！你怎麼會認識他？可以馬上安排我們見面嗎？」

那位年輕社員有著連部長都吃驚的「關鍵人脈」。

可惜的是，在舊金字塔型的組織中，基層年輕社員的想法，幾乎無法有機會能貢獻給位在金字塔頂端的經營團隊，這就是現狀。

建立人脈的方式也是如此，過去要透過公司高層，才有機會締結關係，例如：日本經濟團體聯合會所代表的經濟團體、高爾夫俱樂部的會員們、上司引介的人脈等，這種「高層」和「高層」產生連結的狀況屢見不鮮。

不過，現在的「年輕人」能輕而易舉聯絡到「厲害的人」，這在過去難以想像。

在外跑業務的年輕員工，比起多數高層更能直接與顧客接觸、認識各行各業的人、獲得新資訊，所以他們更容易提出嶄新的想法。

但有用的點子反而會滯留在金字塔型組織的底層，這是日本企業正面臨的課題。

逆轉的領導

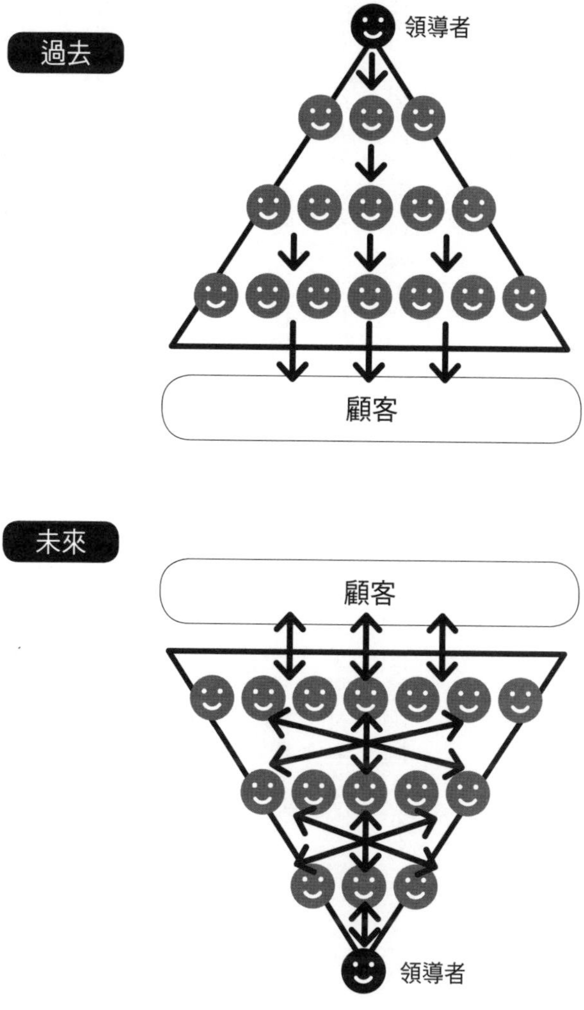

（作者根據岡島悅子《40 歲是當上社長的日子》＜逆轉的領導＞製圖）

跨越頭銜、職務與產業的限制

剛剛的故事是我朋友實際發生的事，他是位三十多歲的飲料廠商員工。據說是在數位行銷的活動上認識了汽車大廠的幹部，彼此因為以臉書互相聯繫而變成朋友。

如同他所參加的活動，現在每天都有來自各企業擔任要職的重要人物舉辦活動，也會毫不吝嗇向參加者分享自己知識與經驗（know-how）。參加者也都是跨越不同業界、各式各樣的人，只要在會場上開口與人交談，無論你的頭銜與職位是什麼，在這裡，你跟任何人都可能變成朋友。

我這位朋友在公司也是位沒沒無聞的人，因為個性內向，不參加公司的聚餐，和客戶討論業務時，也由於太過緊張而無法好好說話。

但是他和這名汽車廠商的幹部不可思議地聊得來，對方也告訴了他許多事情。

到底為什麼，這名汽車廠商幹部會出席這種由其他產業年輕員工所參加的活動呢？其實，這名幹部也剛好是我的朋友，所以我能夠直接的問他。

他說大約從兩年前開始，他就積極地和不同業界的年輕人交朋友。原因是，因為他注意到了「MaaS」（Mobility as a Service，交通行動服務）。所謂 MaaS 是指不擁有汽車，使用者在需要時可以搭乘公車、捷運等公共運輸系統，MaaS 就是一個未來行動的「服務」。

不久後不需要司機，外出駕車也能由機器人代行，「自動駕駛車」滿街跑的未來即將來臨，只要在智慧型手機等裝置輸入目的地，就能躺在家裡等車來接送，這是他在談論未來世界時所說的話。

坐進自動駕駛車後，因為不需要握著方向盤，車內變成可以喝茶、看電影或工作的空間，如此一來，汽車廠商也必須和過去不同產業的人合作。他因為看見了這樣的未來，所以才開始和其他業界的年輕人見面。

所以，**在所有業務都能跨界發展的現代，組織的金字塔也翻轉了，人脈猶如各種線頭纏繞，不被頭銜、職稱限制，彼此能夠相互交流。**

善用通訊工具，比見面更能打造深厚關係

但是，像這種「逆金字塔型」的變化總是容易被大企業忽視。

某位汽車大廠的CEO在經濟媒體「PRESIDENT Online」的訪問時說：

「最近社內的年輕員工中，有人認為只要和直屬主管無法溝通，就能越級與更高層的部長或負責理事陳情，這樣的做法，實在是打亂了規矩。」

包含我在內，許多網友都對這個發言感到衝擊，也有讀者對這位CEO的發言止不

住疑惑。

這家汽車廠商在過去是間有一定知名度的企業，不過最近卻接連爆發「隱瞞車輛缺陷不召回檢查」和「油耗造假」等醜聞。

其中原因，我認為可能是因為過於在意主管臉色，無法指出違規事項、對新挑戰躊躇不前的「大企業病」。

會對這名 CEO 發言感覺怪異的人，應該是覺得「不可越過直屬主管向高層陳情」是上個世代的舊思維。

想到新點子、注意到組織裡奇怪的地方，這些事肯定在年輕員工裡也會發生。如同前文提到的故事，最基層的員工反而更能蒐集到資訊，也會有年輕社員和業界重要人物有聯繫這樣意想不到的事。

掌握某種重要資訊時，向直屬主管報告後卻不受到重視，會再向更上層的主管傳遞訊息，這是創投企業或科技產業經常發生的事。

以「公司秩序」為優先考量，否定這種具活動力又靈活的工作方式，使得日本大企業不管經過多久都無法改變。

順帶一提，這次採訪也批評科技時代的年輕員工會傳訊息給鄰坐的同事。這名CEO表示「透過文字訊息的對話，因為看不見對方表情和臉色，像是在自言自語，會讓人際關係變得更加疏離」。

這句發言也讓我感覺哪裡怪怪的。

我平常會使用Slack和部屬溝通。Slack是像LINE一樣的通訊軟體，能夠以智慧型手機互相傳送工作訊息或電子檔案。不僅能對留言以表情符號回覆還能隨專案的成立建立群組，過程也能邀請公司外部的人加入群組。

透過通訊軟體溝通的好處

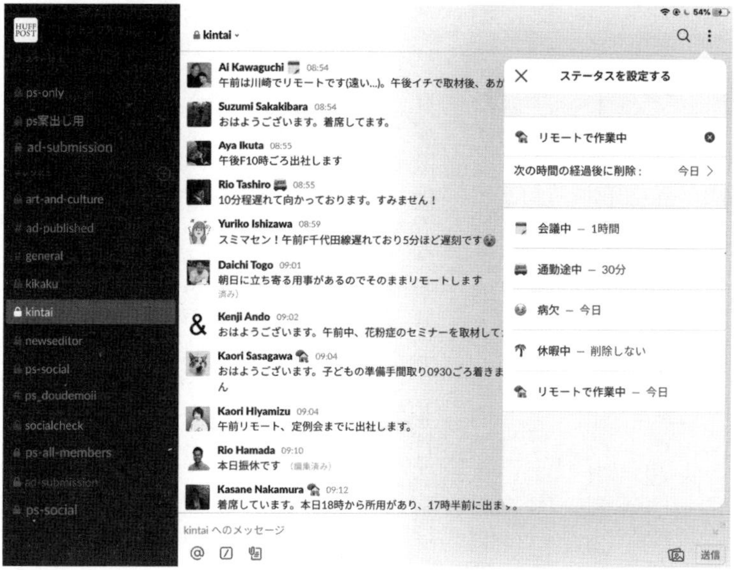

- 能以表情符號等回覆
- 公司外的人也能成為群組成員

☞ **能夠建立複雜且深厚的人際關係**

我認為，**善用通訊工具，比直接見面交談的人際關係，更能成就複雜而深厚的連結。**

而且，員工除了同事和主管，還能和採訪對象、業務窗口等人，以多樣化的型態進行聯絡，現在人脈的型態，不就是那種不知道誰跟誰之間有連結，人脈如同蜘蛛網的社會嗎？

首先，必須了解「逆金字塔型」人脈在社會上的發展。

換句話說，**只選擇接近高階幹部，並打造關係的方式，在這個時代變得越來越不重要，與之相較，自然而然認識的人，和他們建立關鍵人際關係才是更重要的事。**因此，必須向對方傳達自己是什麼樣的人、現在有什麼目標。

前文提到三十幾歲的飲料廠商員工和汽車廠商的幹部有著關鍵連結，也是因為在活動認識後互相交換意見，然後以臉書繼續溝通而成為朋友。

潮流❶ 「逆金字塔型」的人脈

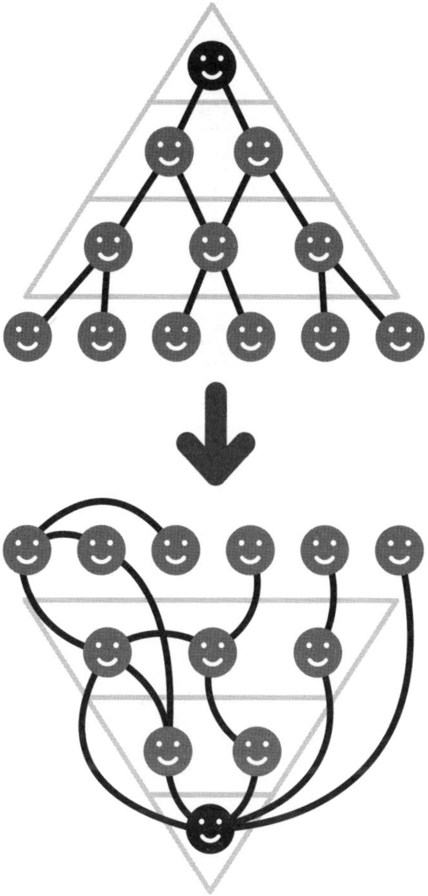

跨越不同產業、頭銜，
產生各種連結的時代

03 潮流❷ 個人活動不斷出現

個人的力量增強，人脈走向民主化

第二個潮流，是「個人活動不斷出現」。

網際網路帶來的巨大改變之一，就是「個人的力量」有著飛躍性的成長。現在這個時代，只要擁有能夠連上網的智慧型手機就能做到許多事。

不管是外向或內向的人、擅長交際或不擅長的人，大家建立人脈的方式和過去相比越來越「平等」。如同編輯竹村俊助的主張：「人脈正走向民主化。」

說到個人力量的增強，就容易聯想到許多創業家，或是努力經營的知名網紅吧。確實，因為有了網際網路，使他們無須依附大企業等傳統組織，也能成為商業界的新星，開創新的時代。

但是，「個人力量的增強」這種現象的本質，說的也是無論個體強弱、個人成長起步的落差，每個人能夠活用個人能力的機會變得更平等，一切變得「扁平」。

美國《時代》（*TIME*）雜誌每年歲末都會選出「年度風雲人物」（Time Person of the Year），二〇〇六年的主題為「你」（You），封面設計是能映照出讀者臉龐的「鏡子」。

過去都是選擇名人作為「年度風雲人物」的《時代》雜誌，早在十年前就指出，透過網路能夠接受或發送各種資訊，無論是誰都能成為風雲人物，現在已是每個「普通人」都能撼動世界的時代。

後來，隨著臉書和推特等社群媒體的普及，個人的力量日漸增強。

「年度風雲人物」就是「你」

TIME　Person of the Year: You　Dec. 25, 2006
（http://content.time.com/time/covers/0,16641,20061225,00.html?fbclid=IwAR0_f_uywv2APV5x9dU0RTce_hMxnMX2NFO1nEXiNXsCme4eODFaaOcfo2s より引用）

現在已經是透過網路，
「個人」也能撼動世界的時代

就算是普通人，也能透過募資改變世界

能夠表現個人力量增強的其中一個象徵是，「雲端募資」的服務。

個人在過去想要製造新商品或開設店鋪，又或者想要為震災的小孩、貧窮的遊民蓋設收容所時，如果沒有足夠的預算和權限，也不是有錢人的話，要實現這種想法很難。

不過現在，只要在 Makuake、Readyfor、CAMPFIRE 等雲端募資網站上，上傳自己的企畫，附上照片或影片後發表，就能夠募集資金。就算你沒沒無聞，也不是成功人士，雲端募資網站也能幫助想要透過專案改變世界的人成功。

此外，像是的活用個人資訊的傳播力的「推廣行銷」（Ambassador Marketing），讓「一般人」在部落格或推特上發表資訊變得稀鬆平常，這種新型的廣告策略也受到企業

矚目。

舉例來說，科技產業公司戴爾（Dell），建立了「戴爾推廣專案」。邀請喜歡戴爾電腦的消費者參加新產品體驗會，並透過他們在社群網站將體驗會的模樣分享給網友，以達到宣傳效果。

現在普通人就像藝人一樣，變得擁有重要的資訊傳播力和影響力。

「招待」已經無法維持人脈

與個人的力量增強一樣，現代人的「行動力」也大幅躍進。

在個人行動力上，發展副業產生大幅的變化。

二〇一八年，根據支援自由工作者的科技企業LANCERS調查，這些受僱於某間公司，又同時兼差的「副業型自由工作者」，在日本約有四百五十四萬人。

二〇一八年「副業自由工作者的經濟規模」是二〇一五年的三倍，約七．八兆日圓。

副業市場之所以能大幅成長，也是受到政府「工作方式改革」的影響。但是，我認為會有這樣的發展，還是源自於網路。

透過網路，自己就能在網上販賣商品。擅長寫作或畫圖的人，可以在網上接案，製作企業文宣或商標設計。當然，也有人會在週末使用電腦作曲，在網上販售自創音樂。

把正職放一邊，斜槓的人越來越多。

因為工作的關係，我幾乎每天都要和許多人交換名片，因此我感覺到越來越多人，會再遞出第二張或第三張名片。在詢問之後發現，他們之中有人是受到業務委託進行其他工作，也有人為非營利組織（NPO）工作。

此外，在交換名片後的一、兩個月再次見面，遞給我完全不同名片的人也增加了，理由是，因為轉職了。

這種狀況在《哈芬登郵報》和外商網路企業也會發生，美國總公司就有好幾個人轉職，而換了專案負責人。

有一次，美國總公司編輯部和業務部門派了五名重要幹部前來日本。為了讓他們對日本編輯部有好印象，我進行了日本式的「社內招待」。不僅帶他們到和牛餐廳及天婦羅店用餐，還拜訪了好幾間寺院。當他們在深夜提出「好想看看早上的東京築地市場」，編輯部的員工不辭辛勞地在隔天清晨五點半帶他們前往市場，一起吃了壽司。

但是這次的「招待」並未達到效果，幾個月後，這五人中有四人轉職或離職。**這種個人力量增強、「行動力」變得活躍的狀況，在組織裡要維持人際關係要費盡心思。**

即便是面對一個人，如果那個人擁有多重職業或角色，等同面對「三、四個人」。再加上轉職或離職等原因，離開公司的人增加以後，要維持中長期的人際關係又變得更困難了。

個人行動力提升的結果，讓「某公司的某部長」這種以公司名稱和頭銜為前提，與對方來往的重要性日漸降低。

辦活動變得輕而易舉，任何人都行

個人力量增強的另一個現象，還有「任何人都能輕易舉辦活動」。

社群網路的出現，不僅讓吸引顧客變得更容易，管理參加者名單，或是以輕鬆的方法募集資金等服務也陸續增加。

幾乎每天都有各種活動，會在咖啡廳或活動空間舉辦。

結果就是，從大企業的幹部到知名創業人士，過去連預約都見不到的人，現在不僅容易見到，甚至還能和對方聊上幾句。

如果是十年前，普通人要辦活動簡直就是在做夢。但是現在，不需要上街吆喝、廣發傳單，只要在推特上發文，就能告訴大家活動資訊和邀請客人。直到實際和參加者見面那天，主辦人甚至不需要見到任何人，一個人就能夠在電腦前完成所有準備。

隨著舉辦活動的門檻降低，活動內容也更多元。

社群軟體「聚會」（Meetup）日本版幫忙地方團體或活動提出企畫，根據創建者兼成員，也是媒體顧問的市川裕康所言，近年來，在日本以各種理由展開聚會的情況逐漸增加。

從下班後做縫紉的活動，到喝著咖啡談論程式碼的小眾活動，沒有興趣的人看到會懷疑「這種活動有誰會來嗎？」但確實有人參加。

據說，**活動的熱度不管是聚集一百人，或是只有幾個人參加都不會改變**。比起過去只追求參加人數，找藝人來吸引路人目光，這種因主辦者本身就非常有興趣的主題，即便參加者不多，大家卻能同樂其中，更能長久舉辦，這也是改變行動的原動力。

由於參加了在咖啡店讀英文雜誌的讀書會，不僅能使英文進步，還能跟讀書會裡認識的人討論工作等，這種實例不勝枚舉。

不須依賴公司的名字或頭銜，現在已經來到靠個人力量就能驅動事物的時代。

就算只有一個人，內向人也可以認真地面對自己想做的事。讓個人的力量發揮到極致，能夠表現的機會也將越來越多。

潮流❷　個人活動不斷出現

1

因為發表部落格和社群網站的文章，普通人也擁有影響力

2

轉職和副業變得理所當然，「行動力」提高了

3

活動具多樣性，也能聚集少數有熱情的人

04 潮流❸ 溝通加速

前文提到翻轉人脈四個潮流中的第一個「人脈的『逆金字塔』化」，和第二個「個人活動不斷出現」，第三個是「溝通加速」。

與時俱進掌握建立人脈的方式

朝日新聞社社長渡邊雅隆，因為「我沒有使用LINE」的發言在媒體業形成話題，渡邊社長在採訪被問到有關LINE的提問時，做出以下的回應。

「老實說，我沒在使用呢！為什麼沒有使用的理由很多，像是我的LINE帳號，雖然家人有LINE群組，但我沒收到加入邀請（笑）！不知道為什麼遭到排擠了。還有，看到其他人使用LINE的樣子，好像必須經常回覆，感覺挺麻煩的！」

這是由單身資訊媒體DANRO總編輯龜松太郎所做的採訪，內容刊登在BLOGOS。龜松是位客觀中立的記者。但渡邊社長身為打算強化數位部門的企業領導人，居然沒有使用LINE。不知道是否因為只刊載這樣的發言，肯定會為渡邊社長帶來批判，所以龜松繼續提問，希望能知道渡邊社長這種想法背後的意思。

龜松：渡邊社長沒有體驗過使用臉書或LINE的感覺嗎？報紙的好處也是不拿起來看就不會了解。在臉書上看《朝日新聞》和在LINE上看《朝日新聞》，我認為不嘗試使用各家平台就無法了解其中狀況。

渡邊：也許是這樣！但老實說，我也沒什麼時間，每天我都已經筋疲力盡了（苦笑）。

（引用自BLOGOS，二〇一六年三月二日）

是否使用臉書或LINE等各家服務，乍看之下，和組織領導者的資質沒有什麼關係。後來，我詢問了龜松，得知他並不是想挑渡邊社長的毛病才這樣提問。我也不認為一家企業的領導者非得使用LINE，隨著時代變遷，工具也會有所改變，要讓足以代表日本的大公司動起來，不能光靠網路蒐集資訊，還要具備更廣闊的觀點。

龜松說，他提問的目的是「代表日本的媒體領導人很忙碌，沒有空檔一直盯著手機。不過，我還是想確認，他們是否使用過現在流行的網路服務，以及對情報流通的方式和速度又掌握了多少」。

資訊快速流通，書面的價值式微

資訊的流通方式改變，讓許多人能以非常快的速度交流。

比如說，最近我會在咖啡店之類的地方，看到對著電腦說話的商務人士。這是他們使用 Skype 或 appear.in 等通訊軟體，透過視訊與聯絡人通話的模樣。

聽我在外商電腦公司上班的朋友說，一大早，國外的主管突然告知「現在來開視訊會議」的情況增加了。

我的父親三十幾年前就到國外的貿易公司工作。從透過傳真或國際郵件來傳遞訊息，到後來改用電子郵件，現在則是使用能直接對話的網路視訊。

有時，我也會收到來自紐約總公司的線上通知，或是收到英國調查公司「希望了解日本的政治經濟狀況」的會議委託，我們彼此未曾謀面。

前幾天也是，和總公司的成員進行了線上會議。沒有任何資料，只在會議開始前的幾分鐘互相提出想確認的事，然後以我們能想到的內容進行，討論結束就再接著下一個工作，這就是我們的會議模式。

其中，應該也有不想浪費時間寫電子郵件的想法吧。

過去主張「丟掉書本上街去」的日本已故劇作家寺山修司，那時並不如現在，這麼適合放下書本的時代。

一直以來，大家都說「現場」比「課堂」更重要。

在現場，能讓「第一手有熱度的資訊」在人與人之間互相交流，比起用書面資訊交流，面對面交流的情況會驟增，因此我們必須重新檢視與人見面的價值。

而且，越是內向的人，越是有著大量累積的知識和意想不到的觀點。在這個經常透過對話、與人快速交換資訊的現代，更需要擁有「第一手情報」的內向人。

潮流❸　溝通加速

- 透過網路視訊溝通的情況增加
- 不寫成文字、「第一手又有熱度的資訊」靠對話進行快速的交流

05 潮流❹ 享受「家中時光」的改革

第四個潮流是「享受『家中時光』的改革」。

每個月我大約會在家裡閱讀二十幾本的商業書，但我比較在意的一點是，多數商業書讀者目標都是以男性為主，印象中，這些商業書裡很少會提到有關家人的事。**但談論工作或要建立關鍵人脈之前，和自己家人相處的情況，是個無法避之不談的主題。**

十年前，我家大兒子出生時，我休了四個月的育嬰假。

妻子生下小孩後就跟我說：「我一定要去工作！」經過討論後，決定我也暫時休假，和老婆一起帶小孩。當時，我忙碌的程度也和現在差不多，那時還是個新聞記者，但我提起勇氣和主管討論了這件事。

現在男性休育嬰假的比例還是只有個位數，相當低，就算准假，也有不少人休了幾天就回公司上班。十年前也是如此，對於我的決定，還有人直接說：「你要丟下你難得的工作嗎？」就連我的朋友也對此感到吃驚，他說：「你是怕老婆俱樂部的嗎？」當時，我氣到發抖。

在安倍晉三的政權下，雖然打出了女性活躍、工作方式改革、消除鑰匙兒童等政策，但是男人養家、以男性為中心的「長時間勞動」社會還是一如往常，沒有改變。

特別是在媒體業，因為二十四小時都會收到各種消息，更是沒有休息時間。

別為了經營人脈而忽略家庭與生活

我三十五歲時，前往史丹佛大學留學。在矽谷，雖然也有不分晝夜工作的創業者，但在週末與家人去健行或烤肉的人也不在少數。儘管在矽谷也有女性差別待遇和長時間工作的問題，不過認真追求工作和生活平衡的企業人士也非常多。

我想未來的上班族，應該會被要求擁有做家事或育兒的基本能力吧？

日本的生育率逐年降低，在少子化的社會裡，鼓勵育兒相關政策乃國家的重要課題。不論男女，若是無法創造讓育兒工作者能安心上班的社會，支撐經濟國家的優秀工作者要繼續努力，也是相當困難。

追求家庭生活與工作的平衡，不單是個人的生活方式，更是現今企業應該思考的重要課題。

參加下班後的聚餐、人脈拓展派對的「人脈怪獸」，最令人詬病的一點，就是忽略了家庭與生活。

當然，在其中也有不這麼誇張的人，但人的一天都同樣只有二十四小時。只和重要的人來往，意味著交流的人數比較少。

我們若不鎖定某個範圍內的對象建立關鍵人脈，就無法好好追求「生活與工作平衡」。

把時間留給家人，反而受人尊敬

在這一篇，「內向」是重要的關鍵詞。

我不太參加晚上的應酬，辭去朝日新聞記者的工作後，我在擔任總編輯時，就寫了好幾篇有關「停止聚會」的文章，甚至為了減少社交宴會而舉辦相關活動和講座。

這是因為我想在工作結束後，保有和家人吃飯及看顧小孩功課的時間。我很重視待在家裡的平靜時光，與家人相處時，我也會盡可能地遠離智慧型手機和電腦。當然，有時也會在下班後或休假日有緊急任務，但我會在特定時間一次處理。

在家裡和小孩一起泡澡、玩遊戲，停止接收外來的訊息。對不擅長與人交往的我來說，能夠和一家人相處的時間是很舒服的時光，所以我每天都在進行享受「家中時光」的改革。

本書對「關鍵人脈」，是以工作為主。不過想當然耳，在工作環境以外的生活場所，也都是能夠應用的地方。在閱讀時，可以不把想像力限制在工作上，包含在幼稚園或學校認識的媽媽朋友、爸爸朋友這些人際關係，都可以套建立關鍵人脈的方法。

現今，已經不是賣力工作的上班族會受到尊敬的時代了。

在少子化和女性工作方式成為社會全體課題時，把生活置於腦後的人，也會被認為放棄了某部分的社會責任。

暫時切斷外向擴展的人脈，和內向的自己面對面相處，珍惜在家悠閒的時光，以及和家人在一起的生活。

這樣的上班族，才是現今新社會所需要的！

潮流❹　享受「家中時光」的改革

- 只賣力工作的人已不受到尊敬
- 家事和育兒也成為上班族的基本技能了
- 在家裡悠閒的利用時間、和自己相處很重要

06 懂得與自己內心相處的人，更有工作優勢

前文透過四個潮流說明人脈的建立方式已經改變，現在是內向人能夠更活躍的時代。

當你翻閱字典查詢「內向」一詞，會得到「缺乏與人接觸交往的興趣」的解釋，翻閱相似詞辭典會查到「羞怯」和「沉靜」等詞語。

總之，是個帶有否定意味和嚴肅、憂鬱印象的詞彙。

然而，過去被認為「嚴肅、憂鬱」沒有存在感的人，極有可能是大幅改變社會規則的變革者（Game Changer）＊。

＊ Game Changer 原為運動用語，意思是「改變比賽結果的人、事」，後來被商界用來表示「改變或顛覆傳統遊戲規則的人；改變或顛覆傳統行事規範的人。」

至於，為什麼我會認為，越是內向的人在工作上越有優勢呢？這得提到我曾採訪過優衣庫（Uniqlo）創辦人柳井正。

當時是釣魚台（尖閣諸島）問題使日中關係惡化的二〇一二年。以優衣庫為首，進軍中國的日本企業皆遭到嚴格審查，當時還引發了激烈的抗議。所以，我問他，做為生意人，該如何面對這樣的反日情緒。

柳井正提到一件事，在舊金山新店鋪的開幕式上，有位中國人市長前來向他問候。會提起這件事，是因為就算兩國政治關係陷入僵局，雙方也會透過經濟交流，維持日中的重要關係。

柳井正的辦公桌上，堆放著英文雜誌和新聞通訊，他在審慎思考的同時，娓娓道來的模樣令我印象深刻。

後來，我詢問公司裡的人得知，**柳井正幾乎不參加夜間應酬，通常在工作結束後就**

馬上回家，然後在家看書，思考將來拓展商務的策略。

我想，這就是為什麼，像日中關係這種嚴峻的問題，他也能提供恰當的好答案！

從他接受採訪的樣子可以感覺到，他是位和自己「內心」相處的經營者。

柳井正是位在日本具有代表性的經營者，而且我認為，像柳井正一樣越是和自己內心誠實面對的人，在這個驟變的時代更占有優勢。

因為他們經常思考，對自己的工作和公司來說，什麼是最好的？自己又想做什麼？

在網際網路發達的社會，就算你不想知道新的消息，每天也會有大量的資訊湧向你。即便是不看報紙和電視的人，也會因為打開智慧型手機而得知最新的資訊。

這讓我意識到，在這個能隨時得知全球資訊的現代，有意識地和自己內在相處，是相當重要的事。

「資訊扁平化」，讓內向人更能拿出成果

內向人比過去更有成果，不是嗎？為了思考這個問題的各種面向，必須從了解「資訊扁平化」的社會變化開始。

極為容易就能蒐集到資訊，使資訊的價值大打折扣，這就是「扁平化」的現象。

二〇一一年，日本三一一大地震，我當時採訪執政的官員，這些人中有好幾人說出「我常常看推特」的回應。

推特上整理了相當多海外媒體、日本報導和專家的意見，其他重要資訊也會到處轉推，讓更多人看見。

當然其中也會有假消息，不過能夠了解「大家為什麼而感到不安？」「什麼樣的資訊會引起強烈關心？」「明知是假消息卻還是接受了」的國民心理，也算是重要情報。

記得時任的首相輔佐官寺田學說：「得知有核災輻射能擴散預測網路系統

『SPEEDI』也是因為『推特』。」讓我特別印象深刻。

事關日本安全的重要資訊，竟然是透過「這麼現代」的方式得知，令我相當震撼。

以浮誇的方式來說，這個時代就是，躺在家裡沙發上玩手機的高中生和日本首相輔佐官這種最高級官員，他們所能看到的資訊是一樣的。

現在是「資訊扁平化」的社會，馬上就能得知重大資訊，即便不求專家，只要透過智慧型手機，任何人都能獲得知識。

如此一來，每個人的「內在」就成為資訊最後的邊境——自己的心中儲存著任何人都無法模仿與複製的資訊。

越內向，越能深度思考

前文提到柳井正，是位注重內在美的經營者，這件事廣為人知。聽說，他和優衣庫創意總監佐藤可士和，經常進行充滿哲學式的對話。根據日本版《富比士》（*Forbes JAPAN*）二〇一九年四月號的訪問，柳井正一開始對於和佐藤可士和見面並沒有興趣。「因為日本找不到更好的創意總監，我不得已才跟他見面。」交談後，他對佐藤可士和的品味及對事業的觀念等產生共鳴，後來也和他討論了優衣庫未來的方向等。

透過佐藤可士和的巧手，優衣庫成功進軍紐約市場。這也使優衣庫扭轉在顧客心中的印象，從過去「能買到便宜刷毛衣的休閒品牌」，轉變為現在「都會風的世界品牌」。

而後，透過和現代藝術家合作發表聯名服飾，以及在紐約、巴黎等文化中心開設店面，徹底讓優衣庫擺脫過去的品牌形象。

改革的點子不會出現在隔天的營業額數字裡，也不會出現在現有的商業模式上。

只有當雙方超越理論，並提出內在想法，互相激盪，才能在未來工作上所有革新。

此外，柳井正對藝術有深厚造詣，還會透過美術鑑賞與內在相處。在優衣庫成為紐約現代美術館企業贊助商那年，他執行過一項企畫，讓民眾可以在週五傍晚免費參觀紐約現代美術館（MOMA）。

我也曾和住在當地的男性美國人，在MOMA不收門票的那天入館參觀。我覺得優衣庫就是透過藝術抓住紐約客的心。雖然那名美國男性不曾見過柳井正，但他認同柳井正和優衣庫的品味。

日本企業想要在海外得到成功，不可或缺的，就是當地顧客的支持與理解。

這不是靠播放華麗的廣告或特賣活動就能辦到，關鍵在於喚起顧客內心對美的品味。

乍看之下，這是很矛盾的事，但為了開闊自己的世界，首先必須做的，就是潛入自己的內心深處。

當你越往內心深處，自己心中原有的想法和本能也會越清晰。再將它提出來與別人激盪，進而把想法傳遞給顧客。

現在已經是像柳井正和佐藤可士和那樣，越是內向、深入思考的人，越能在工作上拿出成果的時代了。

內向人在工作上有優勢的理由

①資訊扁平化

現在已經是任何人都能輕易獲得知識的時代

內心層面的價值提高

②打磨心中對美的意識

原創的想法和本能變得更清晰

透過和對方的碰撞產生具變革性的想法

07 合不來，不必勉強自己迎合對方

選擇跟自己喜歡的人合作

前文我已經透過時代的四個潮流，說明了內向人的優點。

接下來，要解說，內向人為何應該建立「關鍵人脈」。

我身為網路媒體的總編輯，會不停接觸到剛認識的人。

當下我最重視的，就是自己的「喜好」，這和戀愛關係中的「喜歡」並不同。

簡單來說，就是有沒有「**和他相處很舒服**」的直覺。

說得更直白一點，**關鍵人脈的重點就只有這件事**。

反過來說，只要我有一絲絲覺得跟這個人「合不來」，我就不會再花心思。因為如果勉強和對方來往，也只是徒增壓力。

我相信，你一定也有和不合拍的人相處過。

你可能有這類的想法：「對方可是厲害的人，必須和他保持連繫」、「將來可能成為我的顧客」、「他也許擁有重要的人脈」，因此勉強自己和對方建立關係，但後來事情不僅難以順利進行，自己也變得更加不安。我過去也是這麼想的，所以我非常了解各位的心情。

但只要有過一次的不安，接下來就會產生強迫的想法，勉強自己去迎合對方。如此一來，便會讓自己陷入負面的迴圈。

因為壓抑了「不喜歡」和「不安」的情緒才能來往，對話也會漸漸只落在表面。而且，你自認把情緒隱藏得很好，但其實也會傳達給對方。

就連在重視關係應處於君子之交的商業場合，只要我們是人，就不可能僅靠理論、證據或資料等客觀資訊來與他人建立關係。

個人的主觀想法，或是情感的影響絕不可能為零。

在企業高層身上也看得到這類傾向，透過採訪經營者或與他們見面，就能看到對他們而言，越是重要的決策，他們就越常選擇自己喜歡的事業或是與喜歡的人合作。

經營者的決策，常是無法透過單純的比較來決定的，因此在大部分要做選擇的情況，都需要經過一些時間的考量。正因為選項中的A和B都讓人感覺很好、難以判斷，才需要經營者做出最終決定。

日本經濟成長趨緩，過去大型企業強撐苦戰的時代習慣，現在都已經起不了作用。

「無法判斷」的難題，不光是經營者，就算一般上班族或自由工作者，應該很多人都遇過。

只靠道理無法判斷、難以預測的未來社會，個人的決心和想法產生的顯響力就非常

大。這點在與人相處時也一樣，無論是誰都無法逃避「喜好」的情感。

忍耐與合不來的人相處，沒有意義

「情感很重要，只要和喜歡的人建立關係就好」，你可能覺得這種建議在工作上並不適用。

這是什麼天真的想法？

「喜歡」這種小孩子的想法，是無法在嚴峻的商業世界中生存的。懂得和不合拍的人建立關係才有社會人士的樣子啊。

我能料想到有這樣的聲音。

我們的確也有需要忍耐的時候。

但我想這種「忍耐」或「容忍」會被百分之百地認為是「正確」的，這也是因為長久以來的社會逐漸「官僚化」所造成的吧？

過去在日本，多數工作是和同事或同業的人建立關係而完成。因為你無法選擇工作上相處的對象，所以必須和碰巧進入同公司的同事與主管好好相處。

而且，那個時代，新事業還不會在短期內如雨後春筍出現，今天和明天的工作總是日復一日。

因此，和接下來要合作的客戶締結長期關係才是上策，也正是因為這個理由，就必須忍耐，順從組織才是「正確的行動」。

但是，如同前文提到，有了網際網路的社會是非常具有「流動性」的。轉職、創業或擁有副業等都很平常，公司同事和主管會不停換人，和外面的人聯絡也變得容易。

「我真的不擅長和這個人相處啊！」與其百般忍耐，不如和「在一起會感到開心」

的人建立合作，會讓一切變得更簡單。

此外，在各種新創公司陸續誕生的現代，就算是歷史悠久的大企業想要脫穎而出，也會處於必須思考「新事業」的壓力中。

請你別再忍耐，和不喜歡的主管及業界中對你有利的人相處；相反地，現在是個若不和「異類」一起工作，就無法生存下去的嚴苛商業世界。因為若是不跳脫自己心中的常識，以及既存的商業環境，就無法碰撞出新的想法。

冷漠以對，就能與合不來的人和平共處

當然，你不能因為「和這個人合不來」，就把對方趕出公司。你也很難避免每天都要和不合拍的主管、同事見面。

和公司外不合拍的人，也會有因為工作而不得不聯絡的時候。每當我遇到這種時候，我都是將對方想像成「捷運站的自動驗票閘門」。捷運的驗票閘門，是進出站都會通過的地方，若不拿出車票，就無法搭乘。雖然是生活中的重要存在，我們卻不會對驗票閘門有喜歡或討厭的情緒。

要和不合拍的人相處，也是這樣。

以「捷運的驗票閘門」的形象來比喻人，說實在有點失禮，也不太適當。不過，在價值觀多元、人員流動也變得頻繁的社會，職場或學校等周圍與自己不合拍的人就在身邊的機率也大幅提升。

有很多人會試圖從不合拍的主管身上，尋找自己能夠接受的優點，但這種做法反而讓自己累積不小壓力。例如我的朋友，因為一直聽從主管的斥責，並想從中找到自己能接受的語句與所學連在一起，結果反而消耗過多精神，最後只能申請留職停薪。他很自責自己無法喜歡主管。

這件事並沒有好壞之分，當人變得更加有自己的個性、更善於和多方接觸，也更容易遇到與自己價值觀不同的人，這種社會變化是難以避免的。

這種時候，「勉強配合他人」對你我而言都是非常困難的，但若是每個人都能「和平共處」會顯得更為重要。

為了能與不合拍的人和平共處有個訣竅，就是對不合拍的人有「漠不關心的勇氣」，或許這聽起來有些冷漠，卻是相當有用的方法。

此外，本書中已經反覆提到多次珍惜「喜歡的人」。雖然這個說法有點自相矛盾，但只要能好好和公司內外「合得來的人」建立關係，自然而然不會再在意身邊「不合拍的人」。

我想應該許多人都有過類似經驗，在公司遇到討厭的事，但回到家、看到家人的臉龐就放鬆下來。只要有一個讓自己安心的地方，就不會鬱積很多事情在心裡，這也會成為能為工作再多努力一點的活力。

這種能讓人獲得「心理上安全」的場所，為了在將來的社會生存，必須學會在職場上也能製造一個。

就算被主管指責，只要身邊有能夠理解自己的前輩在，想法就會完全不一樣。就算自己提出的企畫被挑剔、不符合要求，只要知道前輩會幫忙自己修正企畫書，壓力也會跟著減少！

換句話說，**在公司內外找到自己喜歡的人，也是讓自己和不合拍的人「和平共處」的訣竅**。

傾聽內心，更能找到「合得來」的人

該怎麼「喜歡」他人才好？還有，什麼時候會知道，現在就是「喜歡」的瞬間？

無論我是在報社當記者，或是現在擔任《哈芬登郵報》總編輯，每天都忙得不可開交。不僅如此，每天要判斷的事情多到是以十分鐘為單位，就必須做出困難的決策，最新資訊也是無止境地湧進來。

儘管如此，我還是會確保每天能留下一些獨處的時間。

然後，在獨處時，我會深刻思考。潛入自己內心最深處，變成那種會嚇到別人的極度內向狀態，用力地思考。**利用距離開會還有幾分鐘的工作空檔，或者洗澡時間等，就算只有十五或三十分鐘，總之就是好好面對自己的情感**。

我不像那些外向又喜歡與人交往的「人脈怪獸」會在外頭努力，內向的我選擇在自己的心裡奮鬥，與內在面對面。

所以，我對於和自己情緒相關的事情很在行。

那天發生了開心的事、歡樂的事、生氣的事或悲傷的事，我都會澈底思考，自己為什麼會對事情有那些感覺。

包括早上為孩子準備早餐時，因為荷包蛋煎得不好還燙到自己；我明明說過很多次，孩子們還是不寫功課，一堆口；雖然有點匆忙，但我偶爾會去咖啡店喝杯咖啡，店員以宏亮的聲音向我問候「早安」，會讓我心情變好。

這樣小小的心境變化，我也會在空閒時閉上眼睛品味。

只要好好面對自己平常累積的小情緒，久而久之，你就會對「喜歡」變得特別敏銳，這是在「建立關鍵人脈」上最重要的元素。

至於該怎樣找到「喜歡的人」？要如何和「喜歡的人」建立好關係？會在第二章詳細說明。

建立關鍵人脈的重點：和這個人好像很合得來

- 只和感覺「與這個人在一起很舒服」的人來往
- 對於不合拍的人就大膽地無視

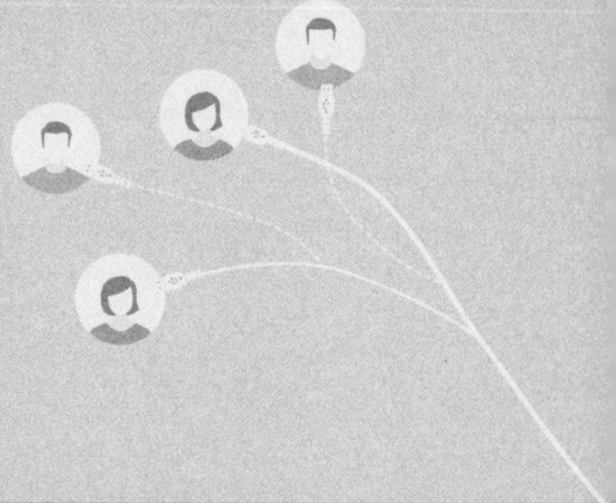

第 2 章

我在史丹佛學到的關鍵人脈術

「說話」這件事，真的非常非常重要。
到底有多重要呢？這就請你好好思考
被話語所影響的人生。

——德川夢聲*，《話術》

* 德川夢聲（1894-1971）是活躍於演藝界及文壇之多角化藝人。

08 矽谷人不耗時社交，一樣有人脈優勢

在第二章，我想告訴各位，我在史丹佛大學所學會建立關鍵人脈的方法，也就是「七種人脈術」。在這個變化激烈的時代，無論在工作、讀書、家庭生活建立的重要人脈，他們肯定支持著你。

我盡量避免提出的執行與操作困難的方法，而是以每個人，在日常生活中都能運用的「小技巧」。

二〇一四年到二〇一五年，我在史丹佛大學擔任客座教授一年，是在我擔任《哈芬

登郵報》總編輯前，那時我三十四歲，已有十年以上的工作經驗。

史丹佛大學所在的矽谷是科技產業聖地，谷歌（Google）、蘋果公司（Apple）、臉書、推特等顛覆世界制序的科技企業全聚集在此。

於是我衝出校園，加入矽谷網絡，努力想抓住可能是媒體新商業模式的重要人物，就算多一個也好。

我從飛機降落的瞬間就充滿了拚勁，可惜在抵達矽谷後，心情反而跌落谷底。如同大山脈的峰峰相連，要穿進錯綜複雜的矽谷人脈中，我認為是不可能的。投資家、創業家、大學研究人員、學生、金融從業人員、工程師等不分類型與職業，我都無差別地和他們見面，但不管我見了多少人，我卻還是覺得，自己如同走進深不可測的森林一般，茫然若失。

經過數個月後，我才意識到，自己成為了不設範圍，能見多少人就見多少人的「人脈怪獸」，然後我也明白了，在這片土地上難以用這種方法大展身手。

矽谷的優勢，不光只是掀起下個世代潮流的大型科技企業和不論白天黑夜都在開發新技術的工程師，還有籌措資金來成立公司的活力。

我注意到另一個優勢，矽谷的中心是由史丹佛大學所構成，這才成為了我的突破點。

史丹佛大學的學生中，許多人的夢想是成為創業家，校園裡也會有知名的企業家和工程師經常出入。

不過，在這裡的氛圍不僅不匆忙、慌張，反而有著悠閒的校園時光。史丹佛大學擁有二十間以上的圖書館，學生專注於學習，經常閱讀。也有會在早上獨自散步或慢跑的學生，靜靜地和自己面對面。我也曾和在職學生進行多方交流，而他們都選擇暫時忘卻工作和經歷，只專心於學習。

而且，在學習的同時，他們會認真的思考為什麼來念書？怎麼做才能讓世界變得更好？自己為了什麼而生？等問題。

「畢業後，就要馬上創業成為有錢人。」雖然有些學生可能會這麼想，但至少我遇到的人都不是這樣。在矽谷，「沉靜思考」（大學）和「快速行動」（科技產業），這兩者就像車子的兩側輪胎，足以轉動整個地區。

在史丹佛大學，越內向，越能掌握事物本質的學生，越容易得到教授或經營者的尊重，也會與他們有更深刻的交流。而且我在當地遇到的谷歌等科技企業的員工或創業家，都不是以賺錢為目的在工作，對於「如何讓社會變得更好」、「理想的公司樣貌是什麼」等，他們是以哲學的方式在深思問題。

越處於時代尖端的人，就越需要與自己的內心相處，這是我在當地一年時間注意到最重要的事。

這時，我才意識到，「人與人之間的關係很重要」。這點在矽谷也是一樣的，只是這和「到處發名片」的方式所打造的人脈完全不同。

09 先找到七個「喜歡的人」

關鍵人脈術①

靠直覺，做出選擇

在史丹佛大學的授課內容中，讓我受益良多，其中最為重要的收穫就是「**世界上有很多『正確答案』，但最後都必須由自己做出選擇**」。這是我在商學院教授蘇珊・艾希（Susan Carleton Athey）的課堂上學到的，她曾在微軟（Microsoft）等民間企業工作，也曾和虛擬貨幣業界合作，是個知曉產業與學術兩方資訊的成功人士。

這堂課的主題是「平台業務」（Platform Business），具體來說，指的是線上書店亞馬遜（Amazon）、線上服飾商店 zozo town、網路量販店樂天等企業的商業模式。

平台業務的特徵是「擁有多方有利的客戶」，像是樂天，購買商品的一般消費者就是「客戶」。但以出資開店的角度來看，在網路上陳列商品的零售商也是「客戶」。

兩種客戶的利益都必須受到重視，這是平台業務的困難之處。比如說，網站首頁上要盡可能列出多家商店的產品。這對開店的零售商來說，當然是值得高興的事，但如此一來，頁面的資訊量增加，可能讓一般消費者不想在資訊零亂的網頁上購物。

艾希教授指出：「隨著網路商業模式的出現，人和人、企業和企業之間接觸的模式增加了。因此，從各自角度來說『正確的事』，有互相衝突的狀況，未來也可能持續增加。」

她經常在課堂上運用「案例研究」的教學模式，實際介紹企業的困境，並讓大家思考討論。

以某線上購物網站來舉例，賣家若想要在網站上增加商品照片，是否該免費讓他增加照片呢？

如果可以免費增加照片，賣家就會上傳大量照片，讓網站看起來多采多姿，還能提升網頁設計。但這對於經營網站的企業來說，不收取增加照片的費用，就會減少收益。是要損失短期的收益，還是提升網站設計，獲得長期的品牌形象？不管選擇哪一個，這兩種答案可說都是「正確的」，這就是選擇裡最困難的地方。那麼，如果是你，又會怎麼選擇呢？

在沒有正確答案的課堂上，討論總是非常熱烈。

其中，最讓我印象深刻的，就是她的「三明治口味」言論。

「大家進入商業世界後，肯定會遇到不知道哪邊才是正確的，讓自己煩惱不已的時

候。也許這時候，就要像選擇三明治口味時一樣，相信自己的直覺。」

我不知為什麼，在筆記本上寫下了這段話。

我想是因為「正確的選擇，對每個人來說都不一樣」這點和她教我們的內容有共通性，雖然也有點像在閒聊或說笑！

儘管如此，課堂尾聲她說的這段話，卻成為我學會「關鍵人脈」的重要訊息。

鍛鍊以「喜好」做決策的能力

日本一橋大學國際企業策略研究所教授楠木建，他在暢銷書《策略就像一本故事書》中提到：「驅動經營者的動機取決於『喜好』」。

對於公司經營的判斷，或是在新事業的策略，我們總是尋找成功的「答案」。但令人意外的，也許成功的祕訣就是經營者的「喜好」。

楠木建在《溫拿都喜歡這樣做生意》一書中也提到柳井正。聽說，柳井正曾向楠木建傳達：「我就是喜歡大生意。」

起初閱讀楠木建此段文字時，我覺得非常幼稚。因為那時我總認為，經營者在決策時不該表現出個人的情感，而是要以更細微的商業模式或行銷預測來判斷。

但仔細想想，新企業出現劃時代的事業計畫，在這個時時刻刻產生變化的時代，也許既有的「商業模式」和「預測」早就失去意義。加上，這些商業模式和預測的知識，經營者應該都略有所知吧！

如此一來，要做到真正和其他公司有差異化，不就是公司高層的熱情和人生中的各種歷練，而鍛鍊出的「喜好」的情感嗎？應該沒有比「喜好」更高貴、更深刻的情感了吧?我是這麼想的。

在《溫拿都喜歡這樣做生意》一書中,介紹會在商學院課堂上討論的案例研究。

主角是在投資銀行上班的女性,她的室友在其他的金融機關工作,有一天回家後,室友向主角透露「我們銀行要從某項生意撤退了」的內部情報。然後附加一句:「你可不要告訴別人!」

這類情報對於投資銀行來說,相當有價值。室友上班的金融機構如果撤離那項生意,會對業界整體帶來不小影響。所以,她很猶豫是否要將這件事告訴主管。

告訴主管的話,自家投資銀行肯定能避免經濟上的損失。

但這樣做就會曝光室友是情報來源,可能讓她遭受處分。是要選擇朋友?還是工作?選擇總是這樣相對,會產生衝突。

這是一個必須根據自己的價值觀和生存方式來判斷的例子,要在這兩個選項底下,以客觀的標準來做選擇，相當困難。

乍看之下，以「喜好」的自我價值觀，做出經營判斷、下決策，甚至「選人才」會讓人有種傲慢的感覺。

雖然這不是在選「三明治的口味」，不過以喜好來選擇，在某種意義上，也等於平常就必須經常的思考與鍛鍊。

當你對三明治口味的種類了解得越多，越了解自己的喜好，就越能鍛鍊選擇口味的能力。

我有個非常熱愛雞蛋三明治的朋友，她是以蛋的種類和美乃滋的甜味做為選擇三明治的標準。我想，她就是因為平常都這麼認真思考，才能自信滿滿地說出「我喜歡雞蛋三明治」吧！

我認為，**與其加上各種道理，靠鍛鍊「喜好」的情感來做為判斷基準更好。**

先找到七個喜歡的人

我雖然不擅長交際，但在聽了選擇三明治口味的故事之後，我決定好好跟七個讓我感覺「好像很不錯」、「頻率好像很合」的人來往。

當然，我認為能夠和更多喜歡的人締結關係會更好。但根據我的經驗，先從七個人為目標開始，是最剛好的。

如同我說過好幾次：「這個時代，個人帶有力量。」有些人因為經營副業，而擁有相當於媒體的資訊傳達力。

過去，為了經營多種副業，就必須做好可能要同時認識三、四個人的心理準備。也就是說，如果不和「喜歡的人」締結關係，要長久來往並不容易。

一旦開始來往，聯繫就會變得頻繁。想要傳達的訊息也會透過臉書或LINE，出遊的地點或午餐等瑣碎的日常資訊，也會頻繁地出現在彼此的對話中。由於將來轉職和創業都會變得越來越普遍，會與你討論人生決策的人應該也會增加。

到了那時，如果無法有自信地說出「比起鮪魚三明治或蔬菜三明治，我最喜歡的是雞蛋三明治」，那麼要打造關鍵人脈，與人好好相處，就會變得越來越辛苦。

所以，**一開始就要像選擇三明治一樣，了解自己到底喜歡什麼？喜歡的人又是誰？必須好好面對面才行**。請你拿出筆記本，寫下七個「喜歡的人」。為什麼是這七個人？我相信你在和他們聊過後，就會更了解自己。

找到七個喜歡的人

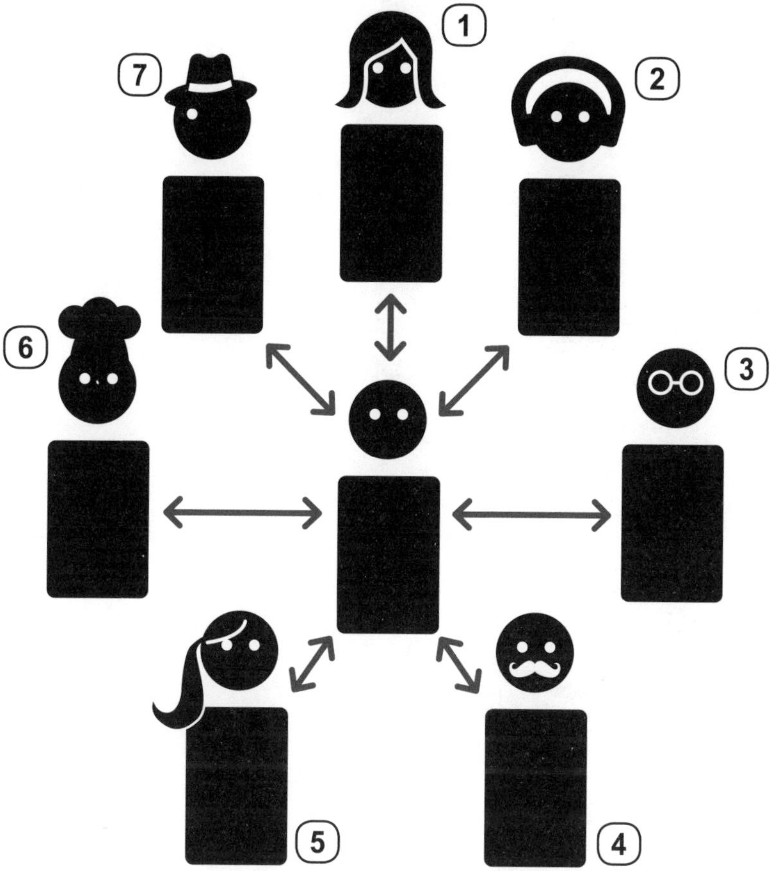

鍛鍊以「喜歡」為基準的選擇，
只和七個喜歡的人來往。

10 一個人的口頭禪，能分辨是否值得深交

關鍵人脈術❷

一直說「不」，讓人引發怒氣

我在史丹佛大學時，也出席了一堂運用戲劇手法來表現情境的有趣課程。這和「三明治口味」一樣，至今都對我受益良多。

這是一堂完全沒有教科書和講義的特別課程，老師將六十名學生分為十組。沒有組別討論的時間，就突然指定其中一組，上台表演「即興」短劇。

六位組員的其中一人被指派為「意見領袖」，只有這個人的發言內容需要遵守規則。其他五人則是以準備派對為內容，即興演出。在所有同學面前，老師下了「演出三種類型」的指示。

第一種的規則是，意見領袖不管聽到什麼都要回答「不」。

「這個週末，來舉辦派對吧！」當老師說完，表演就開始了。因為開始得太過突然，除了意見領袖以外的五個人都一臉茫然，雖然他們一直在思考。不久後，一名組員惶恐地發出聲音。

「派對上的料理就用壽司吧！」

那個人有點害羞地說，意見領袖反射性地，按照老師的指示回答「不要」，教室所有人瞬間哄堂大笑。

「好，那我們不選壽司，改辦披薩派對吧！」為了不輸給意見領袖的拒絕反應，五人提出以「披薩」代替「壽司」當作派對料理的替代方案。

意見領袖再次回答「不要」，他還是按照老師的指示，選擇拒絕。教室裡，同時出現了覺得可惜的聲音。

「這樣啊，那漢堡怎麼樣？我家有烤肉設備，我把那個帶來烤吧！」

「不要。」

「嗯……你漢堡也不喜歡啊？那吃熱狗吧！」

「不要。」

面對各種提案都給予否定態度的意見領袖，使另外五個人漸漸變得不耐煩。

「塔可餅如何？」「水果怎麼樣？」「意見領袖應該是因為沒有酒才不喜歡，那我帶啤酒過來吧！」各種意見接二連三，不停地冒出，但意見領袖都沒有要改口的意思。

最後大家的怒氣也到達頂點，大叫：「不然就不要食物了，總之就大家聚在一起聊天吧！」

聽到這句話，原本必須繼續說「不要」的意見領袖也忍不住笑了。

說「好」，能讓氣氛變好

在這堂課程，沒有中場休息時間，老師就宣布「第二種類型」的表演。

第二種類型中，意見領袖被規定，面對來自組員的各種意見都必須回答「好」。

此時教室的空氣裡瀰漫著一種，這樣看來比較容易的氛圍。

面對「週末就來辦壽司派對吧」的提議，意見領袖馬上就回答：「好！」

和先前的態度完全不同，大家的情緒也被挑起，大聲說著「好，來吧、開始吧。」

「壽司的話，雖然超市也有在賣，但我之前聽日本朋友說，他們在家舉辦了讓參加者自己捲壽司的派對。我們自己做的話怎麼樣？」

「好！」意見領袖回應。

「我有個剛到這裡的日本朋友，他家裡有做壽司飯的木桶，我想我們可以跟他借，用木桶做醋飯。我可以約他來參加嗎？」

「好！」

「啊！這樣的話，我可以負責買材料。我家附近有賣日本食材的超市，可以買到魚和海苔。也買個酪梨給不敢吃生魚片的人。」

「好！」

「感覺很有趣呢！既然是難得的聚會，要不要大家一邊吃壽司，一邊分享自己研究的題目？這也可以勉強算是個讀書會吧。」

「好！」

表演進行得越來越有趣，已經到了老師不得不喊停的地步。

「好啊，但是」讓人困擾

結束「只說好」的表演之後，課程終於進行到最後一種類型。那就是意見領袖必須回答「好啊，但是」的類型，剛剛「只說好」的表演讓大家不亦樂乎，大家躍躍欲試的模樣至今我仍印象深刻。

「那麼，週末來辦個壽司派對吧！」

表演同樣從這句話開始。

和前面不同的是，這次意見領袖回答：「好啊，但是……」

「但是什麼？」大家回頭對著意見領袖問。

意見領袖扭捏地小聲說：「沒有，我是說，壽司我是很喜歡啦！但會不會有不喜歡的人？」

成員也沒有因此停下來，似乎是因為有了第一次不停被拒絕的表演經驗，使成員都對此免疫，我覺得這次的對話變得不一樣了。

「我知道了，那為了不喜歡壽司的人，也加入酪梨吧！」

「好啊，但是……」意見領袖再次扭捏地說。

「這次是怎麼了？」

「我覺得也會有討厭酪梨的人，那些人要怎麼辦？」意見領袖的態度曖昧。

「你是不是討厭壽司啊？」

「不是，如同我前面已經說過，我是贊成壽司的，但是我也想尊重其他人的意見……」

這段對話好像永遠無法結束，觀看表演的大家也不知為何地開始變得沉默。這相當不可思議，在一直說「不要」的那時大家反而會笑，與現在的表演相比，當時的氣氛也比較好。

這種模糊不清的回應，到底是反對，還是贊成？因為感受不到意見領袖的真正想法，讓大家感覺很不耐煩。只要不知道對方內心在想些什麼，就會讓人感覺不安。到現在我還記得很清楚，那時教室的氣氛令人很不舒服。

對我來說，在這三種類型當中，「好啊，但是」是最具有衝擊性的。

說「不」時，反而會出現了熱狗、漢堡等各種派對食材的「替代方案」。這和回答「好」的時候不一樣，會產生不同形式的想法。

不過，「好啊，但是」的類型，乍看之下，意見領袖是贊成的，但因為後面加了各種「但是」，導致提案方也變得僵化，每位成員都堅持非「壽司」不可。對話開始變得在小地方打轉，無法往外延伸。

遠離把「好啊，但是」掛在嘴邊的人

在商場上，我到現在還是不和會說「好啊，但是」的人來往，雖然他有一瞬間接受了我說的話，不過接下來他就會「猶豫」。當然，在進行商業往來時必須慎重、小心，但在重視多元的現代，最好還是能先注意到各種「該小心的地方」。

我覺得一開始就拒絕我說「不」的人還可以接受。但「假裝」贊成，讓人最困擾，這些人同時會把「話是這樣說」、「儘管如此」掛在嘴邊的類型。

這是有關我參加史丹佛大學特別課程的個人見解，當然在做生意時也會有必須說「好啊，但是」的狀況，但在討論新想法時，是該小心別說出與「好啊，但是」這類的回應。

不和會說「好啊，但是……」的人討論

明確表達贊成或反對能讓新意見產出

不明確表達贊成或反對，無法讓人了解真正的想法，
使對話鎖在小地方

11 不交換名片就開始對話

關鍵人脈術 ❸

拉近距離的對話

我在史丹佛大學期間，也有許多因為出差或轉職而來到矽谷的日本人。其中，包含日本首相安倍晉三。他是第一個拜訪矽谷的日本總理，也是這幾年來，讓矽谷成為吸引日本注意的其中一個因素。

根據當時日本駐舊金山總領事館的資料，包含矽谷在內的舊金山周邊地區，日系企業在二〇〇七年為五百一十六間，而在二〇一四年我於史丹佛大學時，日系企業的數量增加到了八百一十五間。許多日本企業的上班族都接二連三地拜訪這片土地，我也因此擔任過好幾次的導覽人員，而在這些來訪的人當中，最讓我有印象的是汽車廠商、電腦製造商、飲料廠商等企業。

拜訪矽谷的人會乘坐我的車，由我帶他們參加各種聚集了創業家和工程師的聚會。我在引介他們認識當地人時，我說了好幾次「不必一見面就交換名片」。

美國人當然也有名片，但基本上，會先從握手或閒聊開始，這才是維持舒服對話的訣竅。

特別是在矽谷這樣人才濟濟、每天都有新創意爆發的地區，和初次見面的人說話時，**與其知道對方的頭銜，不如聊聊「現在正在做什麼有趣的事」、「工作上的願景或夢想」及「有興趣的新創產業（能看到持續成長的新興企業）」更能炒熱氣氛**。

我認為，在日本也能實際感受到，名片漸漸地不再具有意義。因為發展副業、轉職、離職等因素，頭銜和聯絡方式更改的頻率變高，名片上記載的公司地址或電子郵件也會經常更換。

此外，由於臉書或領英（LinkedIn）等社群的便利，就算不需要名片也能聯繫彼此，只要當場互加好友就行了。

也因為只要雙方當場打開電腦，詢問對方的電子郵件，名片的意義也逐漸降低。

不過，見面先交換名片的行為，不管社會如何進展，在日本的商務場合和日常生活中，還是如同日本社會的「印鑑」，習慣真是可怕。就算明白了各種緣由，在日本若不先交換名片，依舊會感覺尷尬。要是只有自己不拿出名片，也會顯得很奇怪，而且也相當失禮。

所以我在交換名片後，會把交談的話題帶到與名片完全不同的方向，像是問他「最近有喜歡的新聞嗎？」這麼一來，不僅能縮短和對方之間的距離，有時還會注意到令人意外的一面。好比說，看起來很古板的老字號印刷公司員工，副業是設計師，還在網路上經營著一家小店，又或是因為閒聊才注意到彼此出生的故鄉距離很近。

這個人是否是與自己合得來的人？為了讓他說出自己想說的話、提高親近度，早點聊聊「名片以外的話題」才是對話的關鍵。

一張紙找出閒聊話題的密技

史丹佛大學教授舉辦的家庭聚會裡，我也受邀好幾次。

「日本人很害羞，不太擅長閒聊吧！」

曾有教授喝了幾杯紅酒，酒酣耳熱後這麼對我說。

前文有稍微提到，關於人脈拓展派對的事情，而在這種聚會裡，與他人不依賴名片進行的「閒聊」，英文稱為「Smalltalk」。

這名史丹佛大學的教授，在過去照顧過不少的留學生，據他所言，日本人特別不擅長閒聊。

教授為了聚會裡的閒聊環節，叫我事前準備黃色筆記本（可改用A4紙），並寫下三個筆記。

第一個筆記內容是，工作或研究題目。

如果是日本企業外派的上班族，總是容易寫下具體的企業名稱或自己的職銜，但教授告訴我「絕對不要這樣做」。

教授給的建議是「寫下自己對什麼最有熱情」，以當時的我為例，因為不能寫下「我是朝日新聞記者」，所以我改成寫下「我想在封閉的日本，創造每個人都能自由發言、意見能被靈活運用、能多元對話的社會」。

稍微提到自己產業的課題，並說明了自己打算怎麼解決，如此一來，自我介紹就會變得像「故事」一樣。

第二個筆記內容是，食物。我想每個人都有自己喜歡的餐廳，那是一間怎麼樣的店？那家店的招牌餐點是什麼？試著寫下店員的特徵，就會是閒聊的話題。

食物的話題不會出錯，而且是讓大家都能愉快討論的話題。因宗教不同，也會有不能吃的食物，還有不吃魚、肉和乳製品的「素食者」等，如果還在筆記上寫下自己的信念，我相信這一定會是篇很符合自己狀態的文章。

第三個筆記內容是「自己想詢問對方的事」，教授告訴我**至少要寫下三個問題**。他最後教我閒聊的訣竅在於「不是自己講得多好，而是能不能好好問、好好聽」。

要向對方提問的話，除了工作或食物，還能討論最近看了什麼有趣的書，或是覺得不錯的電影，這也是在閒聊時常用的話題。

然後，教授告訴我，最好用的話題，絕對是「有關孩子的煩惱」。自己的兒女，或是朋友的小孩都可以，事先詢問他們對於「未來要做什麼」的想法。在閒聊時，詢問對方「我的外甥不確定是否該去念大學，還是要直接工作。也很煩惱想從事什麼工作，在你所處的產業，比較活躍的是哪種人啊？」大多數的人都會告訴你，他覺得怎麼樣比較好的想法，這會是相當「有價值的建議」。

不會有人覺得回答有關孩子的煩惱很討厭，因此很適合當成話題。越是會在工作上花費較多心力的人，也越容易得到「原來如此」這樣的回應。

我詢問我的孩子有什麼夢想，他告訴我「想當醫生」。可能他還只是小學一年級的孩子，我想他應該還沒深入思考過吧！

儘管如此，以「想當醫生的話該怎麼做」當作閒聊話題後，就算不太了解醫療產業，對方也會從自己看醫生的經驗告訴你「理想的醫生是怎麼樣」，而了解心理學的人還會給出「如果醫師也受過諮詢課程訓練，就能更溫柔地對待病人」這樣的建議。

這類問題，就足以讓閒聊的品質大幅提升。我也因此學會有深度的閒聊，這是建立關鍵人脈的訣竅。

自由對話密技

① 關於工作或研究題目

- 對什麼最有熱情？

② 關於食物

- 喜歡的店家、招牌菜色、特色

③ 自己想詢問對方的事

- 至少 3 個問題
- 「關於孩子的煩惱」絕對不會錯！

事先在 A4 紙上寫下這些筆記

12 找到自己專屬的「商務教練」

關鍵人脈術❹

向「三十分鐘兩千日圓」的教練尋求建議

在校園內，我遇見的大學生或認識的矽谷創業家，最令我驚訝的是，不少人都有自己的商務教練。提到教練，就容易讓人聯想到運動指導者的形象。但這裡說的教練，更像是討論工作煩惱，負責引導對方提起拚勁，或是透過談話幫忙整理複雜脈絡的人，也有跟隨經營者而成名的商務教練。

我好像曾聽過商務教練的頭銜，而且對他們有先入為主的想法，認為他們是由企業CEO或高層主管專門雇用的人，會在擺著皮革沙發的特別房間內進行重大討論。

在史丹佛大學，某個夢想創業的女學生，就已經找好了商務教練。

「都還沒開始賺錢，你也太奢侈了吧！」我開玩笑地說，結果她露出一臉「你還真落伍」的表情。

她的商務教練是原本認識的人，也沒有專業證照，靠副業賺點取額外收入。他們使用通訊軟體Skype，每週通話三十分鐘，價格換算成日幣約三千日圓。聽起來不貴。

她也向我介紹了那名教練，只要利用空堂時間到校園中的咖啡店，手邊擺著咖啡，打開筆記型電腦、連上網路就能立即得到指導。

連上Skype後，教練出現在螢幕上，看到他的背後有書架，我想他應該是在自己的房間吧！簡單做完自我介紹後，教練開始指導。

我主要提了兩件事，首先是對當時大學生活的一些煩惱。我簡單地告訴他，史丹佛大學裡充滿魅力的課程太多了，我不知道該選修哪堂課？

第二個煩惱可能更像是在抱怨。不知道為什麼，日本沒有像矽谷這樣的地方？我提到史丹佛大學這樣的學術場所，和能夠驚豔世界的科技產業處在同一地區，矽谷聚集了許多優秀的學生和創業家，這真是太令人羨慕了。

教練透過 Skype 安靜地聽我敘述，澈底扮演聆聽者的角色，雖然不是前文提到即興表演情境的特別課程，但他什麼都回答「好！」給予肯定並接受我的意見，我也感到非常愉快而不斷闡述著。

在指導時間剩下十分鐘，咖啡也喝到剩下半杯時，教練對我說：「你的煩惱可以分成兩種。」

據他所言，**多數人的煩惱都只有兩種：「白宮煩惱」和「咖啡廳煩惱」**。

前者提到的「白宮」，是指美國總統起居兼辦公的地方。

像是「想要消弭戰爭」、「想要縮小貧富差距」，這種應該由總統與專業人士、幕僚一起在白宮想辦法的世界級課題，就是「白宮煩惱」。理所當然，這種問題要由一個人馬上解決很困難，說得更誇張點，這種類型的煩惱簡直是人類永遠的課題。

另一方面，「咖啡廳煩惱」指的是，和朋友、主管或家人，在咖啡廳喝杯咖啡相互討論，就有可能解決的問題。我認為，這是個非常有趣的譬喻。

本次指導，我向他提出的兩個煩惱中，「為什麼日本沒有像矽谷這種聚集了科技產業和創業家的地區」就是「白宮煩惱」。他說：「這等你成為日本首相時再來思考吧！」

至於另一個煩惱，不知道該選擇什麼課程才好？他告訴我，至少找兩個和自己完全不同類型的同學，和他們各自去喝咖啡，「讓他們兩位幫你決定！」咖啡廳煩惱，在咖啡廳就能解決。

雖然這聽起來，好像是沒有什麼用處的建議，但我火速找了兩個興趣、嗜好都不同的同學和他們喝咖啡，認真思考自己應該選擇的課程。

後來，我沒再和教練對話，也因為變得更加忙碌，所以沒有繼續接受指導。

但區別「白宮煩惱」和「咖啡廳煩惱」的思考方式，到現在還是對我很有幫助。

透過「商務教練」讓我學到了討論的重要性，不是隨便找個人聊聊。

每個人都有過找朋友或家人訴說煩惱的時候吧！儘管訴說的過程讓自己消除了不少壓力，但多數時候，話匣子一開就說個沒完沒了，最後到底說了什麼、又得出什麼結論常常連自己都搞不清楚。付出金錢，將朋友或認識的人變成「商務教練」，就能產生和過去不一樣的對話。

向朋友取得「三十分鐘的教練時間」

和商務教練不同的是，日本某些公司會採用「導師制度」（mentoring）。像是食品大廠 Nichirei Corporation 從二〇〇〇年代開始，就採取由前輩擔任新人「導師」的制度。

不過，我也聽過「何必刻意找導師」的批評。從年長的上班族角度來看，可能覺得就算不設置導師制度，「在我那個年代，大家都會接受前輩或上司的教導」。

但如同前文提到的，在公司組織和人脈建立方式驟變的時代，更需要依靠導師的新方式來尋找關鍵人脈。

根據 Nichirei Corporation 的統計，新人在進入公司後，三年內離職的離職率超過五%，但在導入這個制度後，離職率就下降了。

現代的工作方式相當多元，每個人待在企業內的目標也都不一樣，所以商務教練或導師的存在，更是必要。

特別是隨著終身僱用制的公司逐漸凋零，要在職場上和人建立深厚的關係也變得越來越困難。此外，對內向人來說，因為不太參加聚餐或公司活動，在職場上沒有可以談論想法的對象。

雖然我沒什麼朋友，但對於重要的朋友，我會盡可能慎重地和對方來往。不過，當人越是親近，就可能誤會「很了解對方」，反而造成閒話家常的狀態。

這時，**如果拿出勇氣，拜託對方「當自己的商務教練」，就能和他進行與過去不同的對話**。

如果每週都這麼做，不僅浪費錢也浪費時間，但偶爾從關鍵人脈中找個對象、繳個學費或請他吃頓飯，請他花三十分鐘「聆聽你的煩惱」，我想也是不錯。

找個專屬自己的商務教練

- 每週找 30 分鐘接受「指導」
- 從關鍵人脈中，尋找可擔任教練的對象

13 用抽象問題跳脫同溫層

關鍵人脈術 5

提出抽象的問題來喚起想像力

我在史丹佛大學只待了一年，但我在童年時曾經在美國接受過教育，所以經常有各種人會問我：「日本大學生和美國大學生有什麼差別？」

我自己的感覺是，不像多數人想的那樣，其實日本與美國大學生相比沒有太大差距。在史丹佛大學裡，有優秀的學生，也有不認真的學生，這點和日本是一樣的。我不認同某些商業雜誌偶爾會有「日本大學正在崩壞」的特刊，我也不覺得在史丹佛大學念書的學生一定都是「超級菁英」。

不過，因為接受過這類採訪的提問，我也開始思考各種日美大學生之間的不同。如果硬要我說出哪裡不一樣，我感覺史丹佛大學的學生比日本學生更擅長「抽象思考」。

讓我覺得他們很擅長「抽象思考」，是因為在我留學時，只要有人知道我是媒體工作者，通常就會問我日本的報紙或電視新聞的狀況。然後史丹佛大學的學生會再提出這種抽象問題：「每天那麼忙碌，如果有不靠文字閱讀就能獲得新聞資訊的APP就好了。」「不靠文字閱讀」一詞要認真思考有點難度，但因為不甚具體，反而留下了各種想像空間。

到底是「看新聞影片的APP」？還是「靠味道來感覺的APP」？對話和思考的範圍擴大了數十倍。

要小心只說「具體話」的人

我曾被史丹佛大學的研究人員「警告」過。雖然當時說的是我，但我想也能代表「在日本的媒體人」，那天我有點被激怒。

那名研究人員是個「日本通」，會參加日本企業或日本留學生在校內舉辦的座談會，或是為出差來到美國的日本企業幹部導覽矽谷，他也接受過日本新聞報社或電視台的採訪。

他警告我說：「日本媒體人，很常用電車的情境做比喻。」雖然我覺得這個話題很奇怪，但還是決定先聽下去。

當這名研究人員詢問日本媒體人：「對你來說，理想的新聞APP是什麼樣子？」他得到這樣的答案：「搭電車時，可用APP看『本日重點新聞』，或是在回家的電車上，可以用APP聽『今日財經新聞』……」

那名研究人員覺得「兩種都是很棒的想法」，但他說「電車」這種太過具體的舉例，他很難理解。

對史丹佛大學來說，這裡不只有美國人，還有來自世界各國的學生。當那個人提到「電車」，他不知道是該想像日本那種車廂內擠滿人的電車，還是自己國家的電車。

「拿出具體例子」、「不要說抽象的東西」……是在某公司能聽到主管對員工說的話，但這名研究人員卻說：「**具體的事物，會損害多樣性。抽象能讓內容界線模糊，讓更多人能夠參與對話。**」

確實是這樣。

界線模糊一詞，在日本的工作現場經常被當作是負面的，但**界線模糊的好處是，因為容許各種解釋，即使不熟悉討論主題的具體內容，也能輕易加入對話**。

如果從最靠近史丹佛大學的車站，到達美國舊金山，要搭乘加州列車（Caltrain）。加州列車不像日本電車在通勤時間會塞得滿滿都是人，也會有人帶著自己的腳踏車搭乘列車。沒有站務人員也沒有驗票閘門，車票在自動售票機購買。有時也會發生不照時刻表發車的狀況。

車窗外看見的風景是田園風光，車廂裡飄散的是悠閒的氣氛。當然也有乘客是在滑手機，這點和日本一樣，但你不會在車廂內看到抓著吊環，一臉不耐煩的乘客。同樣在美國，史丹佛大學附近和紐約的電車內部風景就不一樣，我想若是在肯亞或德國，想必車廂內的景象，也會有更大的不同吧！

「具體性會危害思考的多樣性」，這種想法讓我覺得很有趣。（還想更深入了解這個話題的讀者，可以看看商業顧問細谷功的著作《具體與抽象》，這本書裡也提到，**與具體內容相比，抽象內容的「解釋自由度更高」**。此外，也更讓人能理解，構想企的「抽象工作」，和實現企畫的「具體工作」之間的區別。）

為了提出抽象內容，要使用「關鍵詞」

抽象的話題，可以說是更接近問題的本質。

假設現在有這樣的現象，「報紙變得不好賣後，書報攤變得很辛苦。年輕人都用智慧型手機看雅虎（Yahoo!）新聞」。

這時，一旦話題太過「具體」，後續就偏向「書報攤的效率」或「雅虎新聞的發布系統」等更細節的討論。

如果這個話題這樣展開又會如何呢？

我：「最近，報紙變得不好賣，販賣報紙的書報攤也變得難以生存。因為年輕人開始在電車裡用智慧型手機看雅虎新聞或SmartNews。」

對方：「對啊！真辛苦啊！你覺得為什麼會變成這樣？」

我：「我想是『起居室』消失的緣故。」

對方：「『起居室』？」

我：「我覺得以前大家會聚集在客廳一起看電視，茶几上會放著爸爸的報紙，大家在『起居室』一起共享內容的文化消失了。」

對方：「確實如此，我也會在週日閱讀爸爸看過的報紙，因此學會了困難的漢字。這樣的場景可能變少了呢！『起居室』還真是令人懷念啊！」

我：「沒錯，智慧型手機問世之後，在自家之外的地方觀看新聞或電視節目的『戶外消費』就增加了。」

對方：「我也是，因為在外面就看完新聞了，變得不會在家裡看報紙了呢！這樣看來，『戶外消費』好像真的在增加呢！」

前述這段對話使用了「起居間消失」和「戶外消費」等「關鍵詞」，就是提高抽象程度的訣竅。

順帶一提，這是真實發生在我與某家連鎖咖啡店老闆的對話。

她對新聞業的未來走向，完全沒有興趣，但因為對話中我使用了抽象的關鍵詞，使我們的對話範圍就擴大了許多。

據她所說，咖啡也成為了一種「戶外消費」。她說：「星巴克咖啡因為在紙杯上設計了具有特色的商標，讓客人走在街上拿著星巴克的咖啡成為一種『時尚』的象徵。」這和在老舊的咖啡廳，與滿是香菸煙霧一同度過好幾小時的咖啡消費型態完全不一樣。

現在，確實能夠在街上看到喝咖啡的人，他們單手拿著印有星巴克標誌的紙杯。「星巴克把咖啡廳裡的客人帶出來了，這就是一種『戶外消費』吧！」

我點頭表示認同。

提高話題的抽象程度，就是讓對自己工作或產業沒有興趣的人採取「開放」態度。討論內容一旦是「新聞與電車」、「雅虎新聞和報社的衰敗」等，怎麼看都會變成是針對媒體人為導向的話題。

當然，這種具體的討論，工作上一定經常發生。但為了開創關鍵人脈，而非同溫層，就得要對各種不同類型與職業的人展開話題。

前文提到的「電車」譬喻，這對住在鄉下的人來說很難理解。我太太出生於九州，來到東京之前從未體驗過塞滿人的電車是什麼樣子，她說聽到「電車」一詞，只會讓她想到車窗外能看到悠閒的田園風光，而據我曾在九州搭電車的朋友說，車廂內偶爾會出現乘客間有一搭沒一搭悠閒聊天這樣的景象。

「能在電車內閱讀新聞的APP。」當東京人說出這麼具體的內容，對日本的鄉下或海外人士應該很難產生共鳴。

擁有自己專屬的「口袋關鍵詞」

提高抽象程度的話題，聽起來好像很困難。

有這種想法的人，我建議你在心中累積一些「口袋關鍵詞」。就像前文提到的「起居室消失」和「戶外消費」。

如果在報紙或電視上看到有趣的話題，或是與人交談時感覺「這個講法很厲害」就記錄下來，放進「腦中的口袋」。

前往書店的商業書區，看看書名也可以。

花點時間蒐集關鍵詞，再以自己的方式整理，然後收進心中的口袋。當你和別人閒聊時，不經意地說出這些蒐集而成的點子關鍵詞，就能成為閒聊的話題。

我和連鎖咖啡店女老闆說話時，也會將自己產業的問題抽象化，以「戶外消費」的主題當作話題。

建立關鍵人脈的訣竅，就在於盡可能地與跳脫自己平時生活圈或同業的人交談，讓自己能夠和真正重要的人建立連結。

透過「他人」看清自己的能力不足和先入為主的觀念，我想這也是認識朋友的一種魅力。

透過抽象的對話拓展思考範圍

具體的內容會縮減想像空間，應該避免

在腦中記錄有趣的關鍵詞

14 關鍵人脈術❻ 善用「紙筆」來對話，溝通更深刻

以紙筆來和對方交談

也許這和「抽象化很重要」的內容相互矛盾，但是以「超具體事物」也能和人建立連結。所謂「超具體」，是指透過對方能碰觸得到的「事物」來表現談話內容。

這是我在史丹佛大學設計思維學院（d.school）課堂上發生的事，課程採用「設計思考」（design thinking）的教育方式，課堂中有道題目是思考「理想的新聞ＡＰＰ或新

聞網站」，老師會提供紙、繩子、簽字筆和剪刀等文具，讓學員完成構想。

在製作網站前，我和組圓先討論抽象問題：「為什麼大家都不太看報紙了？」「蒐集資訊到底是怎麼一回事？」。

過程中，我們使用便利貼進行討論，最後得到的結論是「因為每天的資訊量太多了」。所以，根據這個結論，我們的想法是架設一個網站，能夠隱藏讀者不感興趣的新聞。

這是個嶄新類型的新聞平台，讀者在註冊帳號時，就要選擇自己不感興趣的主題。例如討厭「政治」議題就勾選「政治」，如果出現相關新聞，就會啟動「隱藏新聞」的服務。

從這個點子出發，我們透過手邊的紙和剪刀等文具，構思了網站。

組員拿出自備的筆記型電腦，進入《紐約時報》的網站。然後用剪刀剪下白紙，以膠帶把白紙貼在螢幕上遮蔽幾篇報導，製造隱藏新聞功能。

「試作品」五分鐘就完成了。

我們拿著「試作品」給周圍的學生、老師和來旁聽的上班族看。結果得到的回饋，與我們當初預想的不同：「因為遮住了，反而讓我想看看下面是什麼新聞。」使得看過我們架設網站的人，陸續有人想翻開隱藏報導的白紙。

這是預料之外的反應，於是我們緊急將白紙剪成漫畫「拉頁」的樣子，增加功能顯示已隱藏新聞的「標題」或「關心此報導的朋友照片」。

因為想窺探一眼的好奇心是人類的天性，大家都把紙翻開了。透過「翻開」的動作，平常不喜歡的報導類型，也因此得到被閱讀的機會，這個網站從隱藏沒興趣的報導，變成能提供讀者新體驗的網站。

與重要人士，或值得來往的人見面時，就會應用這種體驗，有時是馬上在筆記本上畫圖，有時是真的剪紙來讓自己腦中的想像化為「有形」。

我也會隨身攜帶便利貼，在想法浮現地當下寫在下來，結果就是讓咖啡店的桌子貼滿了便利貼。

這樣做肯定會在對方心中留下印象，就算不擅長比喻，也能成就一段美好的對話。有時也會有人問「我能把這個帶回家嗎？」把這些化為「有形」的想法，非常珍惜地放進背包。**運用物品來吸引注意，這也是建立關鍵人脈的訣竅。**

比「強迫推銷」更具體的行動

在矽谷，飲料廠商「伊藤園」的知名業務負責人角野賢一是個內向人，就算有人找他聚餐、幫他介紹客戶，他也會以「我想在家追劇」的理由拒絕。他聽從筆記軟體Evernote Japan會長外村仁的建議：「日本式的業務推銷方式（由製造廠商積極宣傳或推銷來讓人購買的策略）在矽谷行不通，必須採用集客式行銷（讓消費者主動想購買的策

運用紙筆創造試作品

花五分鐘完成試作品
後拿給大家看看

收到大家的回饋後
加以改良

略）。」因此，他以獨特的行銷方式，將自家的茶品打進矽谷市場。

停止過去拜訪式推銷的工作模式，角野賢一四處參加會聚集很多工程師的活動或講座，然後在那裡發送瓶裝茶給大家飲用。

結果在矽谷有了這樣的傳言：「有個奇怪的日本人帶著茶到處跑。」因此，矽谷人逐漸知道了他的存在。工程師或創業家向角野賢一搭話的次數日益增加，於是角野賢一開始分享伊藤園茶品的魅力：「這和碳酸飲料不一樣，茶是無糖又健康的，一天可以喝好幾瓶也沒關係，而且喝茶還有讓身心放鬆的效果。」說完這些話後，開始有人以箱為單位向他訂購，也有人定期回購。就這樣，角野賢一帶著桶子參加各種活動，一個人搬運所有物品，忙進忙出。據說這個做法，使「伊藤園綠茶」在矽谷企業間廣為人知，不僅營業額增加，更是讓伊藤園的品牌形象大躍進。

這也是利用東西來表現出超具體的行動，也是和想說話的人產生連結的關鍵技術。
角野賢一的做法，可以說是將「關鍵人脈」活用到業務上。

使用具體的東西來吸引注意

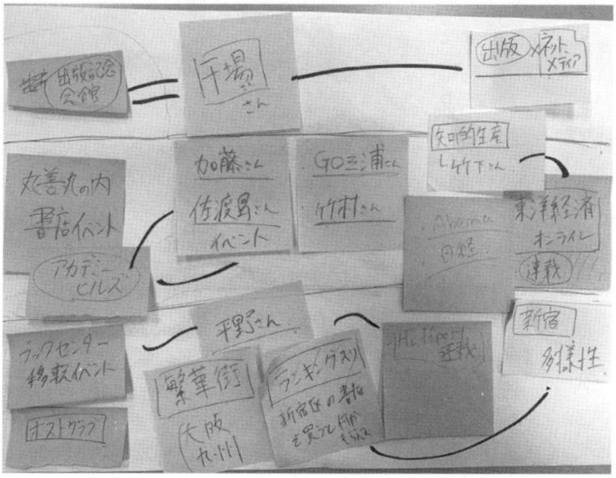

使用便利貼將想法化為有形

拿素描本做紙上劇場，發表演說

使用東西或當場創造，給對方留下印象

15 結交「痞子」，帶來突破創新

關鍵人脈術 7

尋找不墨守成規的人

「痞子的武器是對話。」東京新宿歌舞伎町知名男公關手塚真輝跟我這樣說。

手塚真輝是超一流的男公關，但認識他的人也都知道，他也是個愛書愛到在歌舞伎町開書店的讀書人。他說：「一臉痞子樣，人氣又能急速上升的傢伙，口才都很好。會讀書的人卻是靠名片或頭銜等『文字』在拚博，痞子則是以『對話』一較高下。」

手塚真輝經營的男公關俱樂部擁有兩百五十名員工。

他說：「**在男公關產業的世界，比起用郵件傳遞訊息或用合約裡的規則約束彼此，動嘴說服或靠吵架溝通更能『讓事情運作』**。」比起交換名片，注意眼前的人「在說些什麼」，似乎更有力量。

不用文字，而是以對話論輸贏。我聽完手塚真輝這一番話後，打從心底認同。現在也許是個用對話來讓事情運作的「痞子時代」，因為倚賴官僚或大企業的舊有體制，已不適用於當今的社會模式。

就這個意義來看，史丹佛大學周邊的矽谷也可以說是「痞子地區」。

在美國東岸紐約或華盛頓特區工作的人，是穿西裝打領帶在上班，但在美國西岸矽谷工作的人，上班時穿的是T恤加短褲，臉書創辦人祖克伯也給人穿著T恤或帽T的印象。

提起痞子，會讓我聯想到，騎著贓車，上街打破建築玻璃的人，但祖克伯應該算是有點宅又偏內向的痞子。

由美國西岸創造的網路文化，具有顛覆既有大企業或組織的「反權力」。比起大人物所寫的書，年輕人發布的推文更具有影響力。比起國家中央銀行所發行的貨幣，他們更對虛擬貨幣有所期待。

提供載客、媒合共乘服務的優步（Uber），就是誕生於矽谷。我認為，優步創辦人的最初理念是「擊潰現有的計程車產業」。

具有強烈的「破壞式創新」，也是矽谷人的特徵。

最重要的，就是矽谷人喜歡「對話」。在矽谷，這些想著「搞破壞」的人，只要腦中浮現新想法就會馬上傳達出去，並且一口氣達成目標。無論是創業家、律師、會計師、大學生、教授等職業，只要待在矽谷，就能每天遇見擁有具有破壞性思維的人。儘管大家表面上看起來都是一臉從容，但只要曾經和他們對話，就肯定會發現他們心中藏有「破壞式創業」的理想。

臉書在個資外洩、假新聞或仇恨言論等問題上飽受批評，看似光輝耀眼的矽谷背後，也存在「陰暗面」。儘管如此，我認為，在矽谷仍有許多與現今菁英不同類型的人才，對日本還有許多值得學習的地方。

在關鍵人脈中，重視含有「破壞性」想法的對話

第一章提到，通訊軟體 Skype 讓內容化為文字之前，先用對話提升溝通與討論效率。那章的重點是對話的「速度」，但這裡，我希望大家把焦點放在「破壞」。

名片和書面資料象徵著「紙本文化」，一旦印刷就無法變更，因此向主管提出的書面報告，或是給客戶的資料，都要經過多次確認是否有誤。儘管「紙本文化」在商業活

動中非常重要，卻有著容易讓人產生刻板印象的缺點：

1. 無法推翻已經定案的事
2. 要求內容必須正確無誤或不要造成誤解

另一方面，手塚真輝和矽谷的「對話文化」，我認為有以下優點：

1. 曾經口頭上決定的事也能馬上取消
2. 就算產生誤會也能透過對話而找到共識

在關鍵人脈中，我認為最該重視的不是「紙本文化」，而是「對話文化」。對話文化能讓自己在面對對方的失誤或誤解時，變得寬容，還能讓人意識到事物會不停地產生變化。

找出身旁的「小小變革者」

創業或成為政治人物雖然是走向社會「改革」的第一步，但並不是每個人都能夠做出「巨大的變革」。

不過，我覺得有不少人進行微小又不為人所知的「一・一倍」（一％）改革。

只要每天過得與昨日有「一・一倍」（一％）的不同，今天就會成長一・一倍（一％）。只要持續不間斷，不須多久就會超越「二・〇倍」（二〇〇％）。若再持續下去，就能超過「三・〇倍」（三〇〇％），也就是只要重複「一・一倍」（一％）改革的過程，就能改變自己的人生。

和這類的人成為好友，就算人數很少，甚至只有一人也無妨。當你看著對方的成長，自己也能從中獲得刺激與改變。找到進行「一・一倍」（一％）改革的人，也是建立「關鍵人脈」的訣竅。

以上七種方法就是我在史丹佛大學裡學到的，給內向人的人脈術。

過去市面上所有與「人脈術」相關的書，大多都是由「人脈怪獸」所寫的內容。但我在本書所介紹的人脈術，其方法對內向的我來說，都是能夠不勉強自己就能實踐。

1. 先要找到七個「喜歡的人」
2. 把「好啊！但是……」當口頭禪的人，別浪費時間跟他來往
3. 不交換名片就開始對話
4. 找到自己專屬的「商務教練」
5. 用抽象問題跳脫同溫層
6. 善用「紙筆」來對話，溝通更深刻
7. 結交「痞子」，帶來突破創新

請運用七個關鍵人脈術，打造屬於自己的「關鍵人脈」。

和進行小小變革的人建立關係

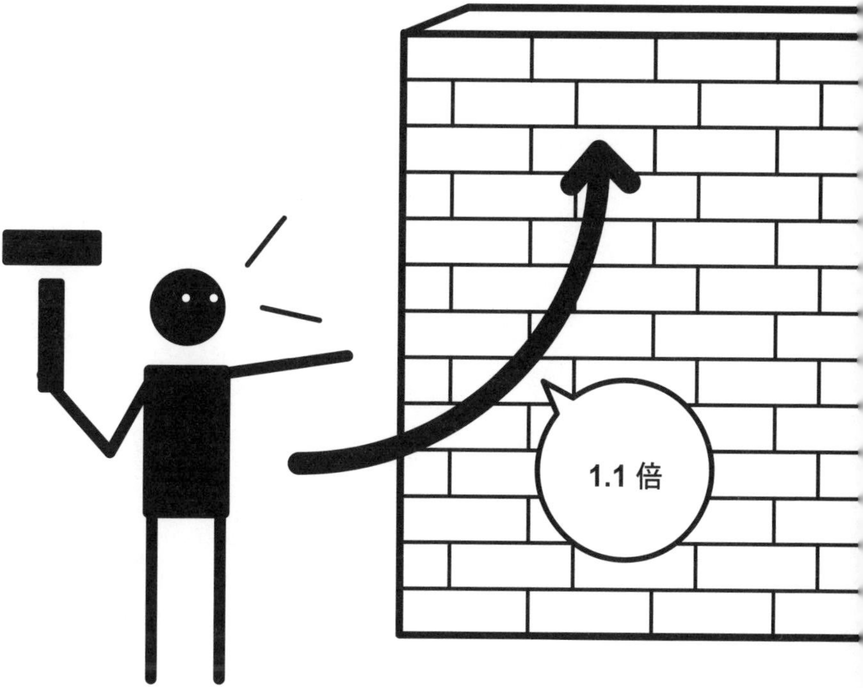

- 具有破壞式創新的人，會隨著對話推動事物
- 持續進行 1.1 倍改革的人

第 3 章

關鍵人脈帶來的三大好處

就算從某人口中得到了十分有益的建言，但好的意見還是必須從君王的思慮中誕生。而君主的思慮，不會從好的建言中所生。

——馬基維利（Niccolo Machiavelli）
《君王論》（*Il Principe*）

16 為「經歷」、「新專案」、「組織」帶來改變

前文提到過去我在史丹佛大學裡學到的「七種人脈術」，並且讓讀者「明天就能使用」。

雖然這是我從遙遠的美國西岸所學到的方法，但我回日本後，把這七個人脈術活用在工作上。此外，如同第一章提到與人脈相關的「四大潮流」，我從日常的採訪工作中，也感受到這四大潮流日益擴大。

在第三章，我想帶各位看看日本的商務現場，可以看出「關鍵人脈術」的優點。

自從我進入朝日新聞社工作，我對升遷從不感興趣。雖然每個人對於能力受到認可、獲得高層授權感到高興，但在大型組織裡，位居高位必須背負相當多的辛苦與努力。要做到的不僅是建立公司內部的人脈，讓高層記得自己、獲得特別的關注，還要與同事競爭。由於我是個盡可能不跟不合拍的人來往，因此沒興趣參加這種內部競賽。

那個時代，無法靠關鍵人脈獲勝。

但現在這個時代只要和「喜歡的人」來往，就能讓各種事變得有可能。或者說如果沒和「喜歡的人」建立穩定的好關係，有很多事都無法實現。現在的社會組織階層不再受到重視，人人都能自由的活動，也能更輕鬆聯絡各種類型的人，如果沒和自己認為「就是他了」的對象建立深厚、親近的關係，就無法得到真正有益的資訊，因為現在已經來到關鍵人脈的時代了。

接下來，說明關鍵人脈能帶來的「三個好處」。

第一個好處是，自己的經歷能由自己設計。

跟著組織早就決定好的規則，如同大富翁遊戲，這種一步步前進累積經歷的方式，已經成為過去。在這樣的環境中，如果你想要走出自己的路，新型態的社交方式將日益重要。

第二個好處是，能夠改變商業模式，讓專案能順利進行。

第三個好處是，能夠創造改變老舊組織的契機。

17 好處❶ 能夠自由設計自己的經歷

想轉職，只要在網路上傳個人履歷

「設計經歷」，是關鍵人脈的一大優點，這是根據我個人經驗所歸納的。

我離開朝日新聞社，擔任《哈芬登郵報》總編輯，當時我三十六歲。

那時，美國《哈芬登郵報》總公司正在招聘總編輯。

但我是沒沒無名的日本記者，怎麼可能認識美國總公司的人呢！

不過，我在以商業導向的社群網站領英，上傳了自己的履歷和有關媒體業的想法，最後得到成果。

領英除了有個人的履歷，還能填寫自己正在進行的事、未來的願景，我上傳了我在史丹佛大學留學時的研究主題相關文章：「人工智慧和人類，哪一方更適合站在媒體最高點」。

美國總公司主管偶然看到這篇文章，他認為「未來的網路媒體總編輯，不只是會寫文章或編輯就好，還必須會思考未來媒體的生存方式」，因此約了我面試。

雖然曾有前輩問我「你要在何時轉職？」而我只是單純註冊社群網站，然後上傳了自己的文章，那時我還沒有換工作的念頭。由於我在朝日新聞的工作很快樂又很充實，還沒有離開的理由。

我想，在過去的社會裡，人脈圈越廣的人越容易蒐集到資訊和獲得機會。而內向的我，應該不太會收到轉職的邀約。

但後來每個人都能在網路上發布資訊，已經變成就算你不主動發布訊息，這些訊息也會被散布出去，現在就是這樣的社會。**即便是內向人，只要在網路上傳個人履歷，就可以因為關鍵詞而被搜尋。**

放下地圖，帶著羅盤，相信喜歡的人

進入到面試關卡的我，並不特別強調我的「優點」，而是將能否「喜歡」上對方，當作我決定轉職的關鍵。

當然《哈芬登郵報》的薪水和美國總公司的策略也是重要的「資訊」，但如果沒進入公司就無法了解實情。儘管面試官沒必要對我說謊，但在驟變的網路企業中，開創新事業或變更預算、改變策略也是可能發生的。

由於上任後就會跟主管頻繁互動，我認為跟美國人主管合不合、思考是否能與他共事，對我而言更為重要。

在不斷推出劃時代發明和想法的美國麻省理工大學「MIT媒體實驗室」所長伊藤穰一針對現代社會主張，「這是羅盤勝過地圖的時代」。**走在沒有出現在地圖的土地上，能幫助你的，不是已經既有的地圖，而是能讓你確認方向的「羅盤」**。

在人工智慧投入職場後，劃時代的商業型態將陸續誕生。在變化如此激烈的時代，比起事前規劃好的人生「地圖」，更需要的是能夠臨機應變，視當下狀況調整方向的「羅盤」。

而我的「羅盤」就是，「遇見真的很有趣的人，若覺得跟他合得來的話，就和這個人一起工作」。

為了麻煩的人際關係消耗人生很不值得，現在的時代要找到跟自己合得來的對象，一起建立生涯計畫。

轉職到《哈芬登郵報》時，我確實很迷惘。當時，《哈芬登郵報》日本版只是個在日本成立三年的網路媒體，也不知道何時會倒閉，而且在日本聽過《哈芬登郵報》的人並不多。

那時我的大兒子才小學三年級，接下來會有很多開銷。如果待在朝日新聞社，至少薪水穩定，還能好好生活。

幸好，當時面試我的是來自美國總公司的尼可拉斯（Nicolas），我進入公司後他也是我的工作夥伴，這讓我覺得自己「跟他很合得來」。在與他共事的期間，我也運用了好幾個前二章所講述的方法。

對我來說，最重要的是，我和尼可拉斯的「關鍵」相遇。

說得極端一點，我會決定轉職就只為了這個理由。因為有了關鍵人脈，才有了我現在的工作。

靠關鍵人脈成為經營者

只要依靠關鍵人脈的力量，任何人都可能成為經營者。

我有一位在沖繩經營鞋店的朋友秋山淳一，他原本是東京人，從學習院大學*畢業後，進入大型化妝品公司工作。但經由大學學長的邀請，去了一趟沖繩，在那裡他認識了某家健康食品公司的社長。

那名社長的經營方式非常重視「對話」，他會花上整整一小時進行朝會，有時還會延長到三小時。

朝會時，他不斷告訴員工自己的想法，還會告訴大家，他和顧客接觸時發生過令他感到欣喜的小故事。此外，如果員工的小孩生病了，同事之間也會互相幫助。

由於不想讓員工有精神壓力，因此他也不強迫員工隨機「電訪」推銷，取而代之的是，若有顧客打電話來詢問，就算是三十分鐘或一個小時都要與對方好好對話。

秋山「喜歡」上這位社長，爽快地辭掉化妝品公司的工作，然後進入這家健康食品公司。

在工作十年當上健康食品公司的董事後，秋山因為想要挑戰過去沒接觸過的事務，決定辭職。

＊ 學習院大學（GakushuinUniversity），一八七六年改名為華族大學，一八七七年改名為「學習院」，是位於日本東京豐島區的一所著名私立大學。因大部分的皇室、戰前日本的貴族階級就讀於此校，被公認為日本的「貴族皇族大學」，知名度極高。

後來，秋山偶然在福岡認識了一位製鞋職人，又「喜歡」上了對方。據說他是受到職人經營哲學的吸引，從顧客進入店內的瞬間，製鞋職人就會注意對方走路的姿態，站在顧客的立場，推薦不會對腳帶來負擔的鞋子給對方。

不只是把對方單純視為顧客，而是把對方當作是真實的一個人對待，這種模式和沖繩的健康食品公司社長十分相似。

對秋山來說，製作鞋子是他未曾體驗過的事，但他毫不猶豫地選擇拜師學藝。在不斷累積實力後，他在沖繩開設了自己的「鞋店」。

秋山至今都還和健康食品公司的社長與製鞋職人保持良好的關係，也在當地成為受顧客喜愛的經營者。

注意不起眼的「英雄」

秋山是穩重型的人，他不同於大學同學或化妝品公司的同事，不會急於參加「跨業交流」或拓展社內人脈。

他是那種與人交談會感到很不自在，看到東京商業雜誌裡介紹「光鮮亮麗的上班族」後，會黯然失色的類型。

儘管如此，秋山還是說出了「以後不管我住在哪、做什麼工作，我都有生活的自信」。

秋山踏入社會工作後的十多年來，通常都是在自己喜歡的地方工作、做著自己喜歡的事。當我詢問他，這有什麼祕訣時，他回答：「我從未思考過經營人生的策略，包括後來的那些工作也一樣，因為我會受到眼前充滿魅力的人所吸引。」

也許沖繩的健康食品公司社長和在福岡遇到的製鞋職人，甚至秋山自己，都沒有那種能登上商業雜誌的光環，但是他們都是了不起的英雄。

我想只要像秋山那樣，**珍惜和「喜歡的人」打造關鍵人脈的關係，就結果來說，都能成就和一般人不同、獨一無二的經歷。**

好處❶ 成就獨一無二的經歷

遇到合得來或感覺對了的人就換工作

一個接著一個，和靠關鍵的人脈一起工作

18 好處❷ 新專案順利進行

尋找會打破「不成文規定」的人

第二個關鍵人脈的好處是，能幫你順利推動新專案。

我在史丹佛大學留學時，認識一位日本經濟學者青木昌彥，他也是第一個獲得諾貝爾經濟學獎提名的日本人。

很遺憾青木教授已經去世，但在他晚年時，我有幸在大學和他有過談話的機會，青木教授的研究主題之一是「制度」。

例如終身僱用或主銀行制*等「日本制度」為什麼存在？又為什麼難以改變？青木教授將注意力放到制度裡隱藏的「不成文規定」。

像終身僱用指的就是，工作者在同一間公司工作到退休的情況，這制度存在於日本許多大企業。

但這種「決定好的事」並非由某人強行制訂下規定。

過去在日本大企業工作的上班族都盲目地相信「公司不可能開除我」；經營者則認定「員工要對公司有忠誠度，會工作到退休」。

兩者之間都存有「不成文的認知」，而這種想法變成一種規則，最後形成了「制度」。

---

* 主銀行制（メインバンク制）是日本獨有的財務方式，意指某企業或公司與單一個金融機構保持良好緊密的關係，也可稱作主要貿易銀行或主要銀行。

但青木教授說，只要有個「不一樣的人」意識到「制度太過陳腐」，當他採取不同**行動，不成文的認知就會快速瓦解。帶來結果就是新專案的成立，或讓組織產生變革。**

比如說，一九九七年的山一證券破產就造成「大企業神話」的崩壞。

從那之後，就我印象所及，離開「終身僱用制」的人開始增加。只要工作者認為「我不打算在這間公司度過一生」，企業也會因應有這類員工存在，而必須變更人事制度和工作內容。

無論是員工或雇主，雙方都不知員工何時會離開公司，並以此為前提重新翻整制度。然後，隨著制度更新、員工的想法和工作方式改變，商業模式也產生變動。

社會上的「不成文認知」，通常是沒來由的「潛規則」，只要有一點裂痕就會馬上損壞，非常脆弱。

意識到「制度太過陳腐」和輕易跨越組織架構的人，青木教授稱這些人為「越境者」。

在《哈芬登郵報》雖然也是以團隊進行工作，但總是很關注「越境者」的存在或發言。如果沒有這些人，就會喪失新企畫或專案的契機，或是喪失審視組織編制的機會，使團隊無法長存。

越境者也可能存在於組織之外，要找到他們並不容易。

因為這些越境者不一定有容易辨識的頭銜，也不一定會出現在媒體上，或是家喻戶曉的人物。

我覺得，**這些人常常是在自己身邊、原本就認識的人，而且大多不黑守成規**。

頭銜、風評、資歷都是「經由頭腦思考的判斷」，但喜不喜歡這個人是「用感受的判斷」。

後者更能多樣化地找到關鍵人脈中「隱藏的越境者」。

找到喜歡的人之後，就開始新的專案

接下來要分享的內容是，由於和越境者有著關鍵的連結，而開啟新的專案。

有一次，透過別人引介，我認識了自由影像導演克里斯托弗・克朗慈（Kristoffer Rage Krantz）。他出生於瑞典，今年四十歲，會說瑞典語、英語、日語、葡萄牙語和西班牙語等五國語言，是個有趣的人。

影片確實是網路媒體產業中，最受矚目的一項技能。在我擔任網路媒體總編輯後，我認識多位影片製作達人。但是，克朗慈並非影片業界的名人。

我曾為了要與外國人見面而感到麻煩，無論是查詢那個人的相關資料，或是要準備提案。

不過，只要是透過我信賴的人介紹，我會二話不說決定見面。無關話題內容或頭銜，只要是「喜歡的人」，當他說出「我希望你能見一個人……」時，我就會馬上答應。

萬一，見面後沒有感覺，之後不再來往就好。快速決定的話，也能讓對方產生信賴感，能夠更加深與對方的關係。

在與克朗慈見面後，他看待日本就職活動和考試等社會制度的「獨特觀點」，讓我深有同感。

但當時《哈芬登郵報》還不需要會製作影片內容的人，對於克朗慈這樣的影片專家，我實在不知道該如何與他合作。

儘管如此，因為我對這個人覺得「喜歡」，後來我也繼續和克朗慈維持關係。

後來，偶然間，大型網路服務公司「NTT Plala」和「EAST FACTORY」提出網路影片製作的合作。之前《哈芬登郵報》的內容以「網路文章」為主，但我感受到影像新聞可能會成為大的新事業，於是我馬上決定要挑戰。當然，我也拜託了克朗慈擔任網路影片的導演。

多數的新想法和新專案，都是從單一個人開始的。所以我認為，**不要等到決定工作類型後才開始徵人，而是先從關鍵人脈思考，再創造能一起工作的機會，這才是讓新專案成功的祕訣。**先創造「關鍵人脈」，一切就能開始了。

活用「越境者」的觀點

因為影片製作小組有了克朗慈的加入，讓編輯部得以導入「新觀點」。

具體來說，像是構想網路節目的攝影棚風格時，克朗慈對於第一款設計案太過華麗，而說了「別急」。

「日本電視台新聞節目的節奏感很快呢！我想製作能讓大家都好好『談話』的節目，所以我希望呈現出好像去誰家玩的柔和氣氛。」克朗慈流暢地說出這番話。

為了研究攝影棚設計，克朗慈不只會觀看 BBC 或 CNN 等英美系的節目，還會調查瑞典、巴西、挪威的節目。

那時原先攝影棚布景的風格具有未來感，也非常有型，我相當喜歡。

但克朗慈說他想變更設計，於是參考了原本的布景後，所完成的攝影棚就如下頁照片顯示的模樣，沒有新聞節目特有的刻版印象，散發的氣氛是主持人能夠坐在沙發上，和嘉賓暢聊。

《哈芬登郵報》是來自美國紐約的媒體，會說英語的成員都聚集在這裡，其特色之一就是具備「國際視野」，在美國總統選舉等話題上，也談論得特別出色。

這次的設計因為克朗慈廣泛又多元地蒐集參考資料，讓我們增長了不少新的視野。

從零開始成為「專家」，面對沒有答案的課題

在驟變的時代，以影片製作為例，必備技能也求新求變。

過去以電視機為主要的影視方式，隨著智慧型手機的出現，視聽習慣漸漸被改變。使用智慧型手機觀看影片的人，也有非常多型態，有人看的是推特等社群網站三十秒的短片；也有人喜歡在睡前看二十分鐘 Youtube 的影片；願意花長時間觀看將棋對戰的實況轉播，也大有人在。

在今後，新通訊技術 5G 也將變得更為普遍。由於 5G 能夠高速存取大量的影片資料，想必在未來，靠著智慧型手機觀賞電影或長篇紀錄片的人也會大幅提升。

以新觀點變更設計

去除新聞節目的刻板形式，
變身為能和來賓暢談的攝影棚

對《哈芬登郵報》來說，手機影片已經成為提供新聞內容的重要選項。但因為克朗慈來自電視產業，對於製作網路或智慧型手機影片，還是有不足之處，肯定也有比他更有能力的人。

儘管如此，最重要的前提還是「喜歡這個人」。

未來的社會裡，無論是誰，都必須面對大量沒人知道「答案」的商業課題。如果沒有可以信賴的「專家」，自己就要從零開始成為「專家」。因此，你只能打造「關鍵人脈」，並和喜歡的人持續面對各種挑戰。

工作上難免會發生意見相左的狀況，這是很稀鬆平常的事，就像我會為了工作和克朗慈有不少激烈爭辯。

不過，最後只要這個人值得信任，我想沒有跨越不了的障礙。

好處❷ 新專案順利進行

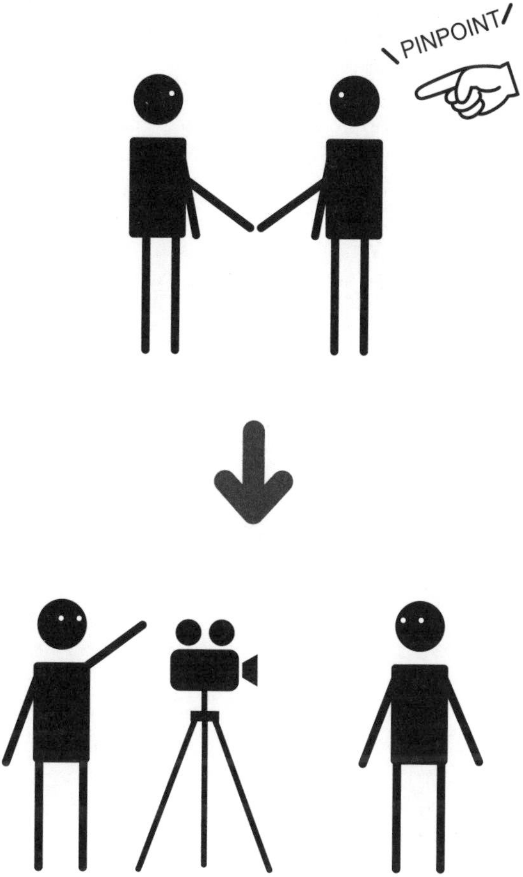

和想一起工作的人打造關鍵人脈後，
再創造工作

19 好處❸ 改變組織

和其中一人建立連結，就能從中改變組織

擁有關鍵人脈的第三個好處是，能夠改變組織。

和組織中「喜歡的人」建立「關鍵人脈」後，把你想和他一起改變公司的方法告訴對方。

現在的日本，不只企業，還有「大樓管委會」和「社團」，甚至是「學校」，各種

組織都面臨改革。

隨著人口減少，日本經濟停滯一直是個嚴重的問題。大家過去憧憬的大企業，接二連三發生醜聞或裁員改組，就算是學校，也出現了「家長會真的有必要存在嗎？」的問題。自二〇二〇年度開始，日本大學入學共同考試要取代大學入學中心考試，比起將知識塞進腦中，擅長讓思考的人才更能在考試中脫穎而出。

所有的組織，若不改變，則無法生存，現在就是這麼嚴苛的時代。

但實踐組織改革的並不是一般人。

如果是一般員工要想實踐組織的改革，必須從說服主管開始，接著找到願意參與的同事，還必須製作企畫書，向董事會提案。抑或是，若不澈底改變人事制度和預算分配，就什麼也做不了。

遇到這種情況，在行動之前就會先感到絕望。而且就算真的付諸行動，實際狀況估計也是在說服各路人馬的過程中，感受到疲憊和挫折。

這對我來說也是一樣。我是個平時話不太多的人，雖然我知道這樣可能有損我身為組織高層的頭銜，但我對於和部屬一起吃午餐或去喝一杯，感到很尷尬。

前幾天也是，因為我心血來潮找某位部屬一起去吃午餐，讓他嚇了一跳說：「我還以為你要跟我說什麼很嚴重的事。」因此對這樣的我而言，「改變組織」是件難度非常高的事。感覺自己必須和公司所有人，都建立起深厚的關係，還得要厚著臉皮做些與身分不符的事。這對內向低調又不想引人注意的人來說，難度真的太高了。

但我認為**只要找到一個「喜歡的人」，就算他其實和自己一樣，是有點奇怪的人，或是內向卻內心澎湃的人，只要和他一起展開行動，就能改變組織。**

若在公司沒有夥伴，就先自己一個人思考

我採訪過一位住在東京都、年紀四十出頭的男性F。

F是名業務，他在網站製作公司上班，公司的員工人數大約是兩百人。公司的營業額雖然成長得很順利，但從某時間開始，業績突然衰退。

原因出自，公司的顧問事業部需求驟減。

這間公司不只架設大型製造商等企業的網站，也負責思考客戶的網路策略。製作完網站後，提供「該如何向顧客宣傳？」「如何透過網路提高企業品牌力？」等建議，是具有高收益的「明星」產業。

然而，隨著網路的普及，與F公司往來的公司，也開始有具備數位知識的人才。最終不再需要外部建議，顧問事業的單價下滑，還有顧客提出終止服務的需求。

社長為了填補衰退的營業額，急忙成立新事業部門，並急忙任命F為「新事業負責部長」。

不過，F孤立無援。當時，這間公司依照不同領域配置了五名事業部部長，他們多為四十至六十歲的人，這對那時還是三十出頭歲的F，可說是「跳級」晉升，讓他招來妒忌，難以在公司內找到合作對象。

再加上，F對「新事業」到底要做什麼才好，也完全沒有想法，使他漸漸變得意志消沉，甚至有段不太開口說話。

但F並不慌張，而是一個人認真思考。人在遇到這種危機時越是能自動自發，於是F拿出勇氣，盡量確保能一個人深入思考的時間。

鬱悶的F注意到一件事，雖日本企業對於網路的相關知識增加，數位策略也能靠自己建立，但網站還是需要進行「無聊的工作」。網站一旦開通，就必須頻繁地更新文章，或是替換小小的廣告橫幅、每日監看是否有發生錯誤。這些因為是「後台」的工作，沒人喜歡做。但放置不管，久了就可能形成大失誤。

於是F打算乾脆放棄公司的顧問事業，想開始新事業；以負責「小幫手」的業務。他用計算機預估成本，會以人事費用為主，利潤比其他事業還要高。

詢問客戶後，才得知這種服務比起顧問服務，多上好幾倍的需求，因為每家公司都為了維護網站而感到困擾。

當時，F的公司面臨營業額下滑的危機，各個事業部長開始互相推諉責任，批判式言論在公司內部蔓延：「自己的部門沒有做得不好」、「是他的事業部沒做好，才讓公司營業額出問題」。如果出去聚餐，大家也只在哀怨「公司的豐功偉業」大勢已去，沒有人提出任何解決方案。

狀況還不僅如此，不論F如何向公司高層提案，想開始「小幫手業務」，最後也沒受到重視：「我才不想做這種無聊的工作。」

F告訴我當時發生的事。

「『小幫手業務』很好啊！但不管我提出多少數字向他們說明，就是沒有人肯行動。因為我不是八面玲瓏的人，公司內的好夥伴也不多，那時候真的讓我感到非常孤獨。」

但有一次大F兩歲的前輩，注意到F困擾的模樣，而向他搭話。

「『小幫手業務』真的有那麼好嗎？我想看看數字。」前輩看完後，為之震驚，因為「獲利率極高」，接著前輩告訴他，「我來幫忙。」

持續散發自己喜好的訊息

F到現在還是一樣，朋友很少，而且非常不擅長參加跨業交流的活動。只要和不認識的人見面就會渾身不自在，他不會和一群人炒熱氣氛，反而比較喜歡獨自一人，是個內向人。

不過，他很喜歡「用數字思考」，讓他和擁有同樣價值觀的前輩關係很好。

雖然他不曾和那位前輩一起工作，也不曾待在同部門，但他說：「我們一拍即合。」儘管F對於聚餐、閒聊或交際很不擅長，他卻能和這位前輩維持關係。

F和前輩一起認真工作，在**改革組織前，關鍵是規劃安靜充電的時間，讓自己蓄勢待發**。

由於業績下滑，公司內部充滿「負能量」，容易變得保守。也因為害怕失敗，不會想靠挑戰新事物來找解決方案。

所以他們兩人將「小幫手業務」的高報酬和大眾需求寫在紙上，遇到會議或閒聊時，就拚命向同事與主管宣傳。

不太會社交的F，和前輩進行公司內部的說服行動後，他覺得成為了「不一樣的自己」。

當然，因為公司內部的氣氛不好，自然也常被冷眼以對。不過，多虧了前輩這個「理解者」讓他產生安心感，才讓F有了前所未有的積極。

和夥伴一起打拚，組織就會行動

兩個人就這樣拚命在公司內周旋，公司的氣氛也在兩人的努力下，漸漸改變。就像在寒冬冷冽的森林中，有人拿出火柴，擦出火苗，周圍的人也會感受到這股「熱氣」。

起初，來幫忙的人只有幾位，他們先實驗性地開始「小幫手業務」，隨後在收到客戶的好評，開始有了成績。而且，反對F的事業部長，最後也都轉職了。

公司的氣氛開始轉變，其他部門的員工也開始用心工作，或是思考新方案，在所有人的努力下，原本下滑的業績開始有了成長。

就算對員工人數龐大的公司提出「公司需要改革」的口號，或是由社長透過朝會、郵件等來發號施令，組織都不會輕易改變。

但即便你只是一般員工，只要和關鍵人脈合作，持續行動，就能為組織帶來巨大的改變。

後來，F和妻子一起創業，現在經營一間小公司，因為「與少少的人一起工作」比較符合他的性格。

F離開的那家公司，後來業績越來越好，股票也上市了，現在已是營業額將近一百億日圓的企業。而與他一同推動新事業的前輩，位階晉升到了董事。但我認為公司的「功臣」不是大師級的經營者，也不是軍師級的業務員，而是內向安靜的F。

內向人更能客觀地掌握問題

F成功在於，了解自己是「懂數字的人」，對喜歡的「人物形象」也很明確。

你喜歡什麼樣的人？在自己的心中有明確定義，這點非常重要。否則你將無法遇到喜歡的人，也無法和他打造「關鍵人脈」。

在打算改變組織時，應該有人會先向「容易聽自己說話的部屬或晚輩」，表達自己想要改革的想法，試著影響對方。不過，部屬或晚輩可能考慮到自身的立場，當下會表現得聽話，但若是他們不了解為什麼組織需要改革的原因，根本不可能成功影響他們。

在嘗試改變組織時，肯定也會有反對的聲音。不管改變的「理由」有多麼正當，人往往無法馬上行動。就像F的任務單純是「因為公司營業額下滑，好像快要倒閉了，必須開始進行新事業」，在公司明顯出現問題的狀況下，大家應該都不會反對，但人類就是那麼不可思議的生物，在理解之後，還是會受到情感上的反抗而左右自己的行動。

遇到這種時候，**比起理論，能夠成為組織改革武器的，其實是關鍵人脈所給予的支持與幫助**。

F也是這樣，他在公司內被孤立的時期，並沒有耿耿於懷，而是一個人認真地不停思考：「為了提高公司業績，避免倒閉的情況發生，我能做什麼新事業」。

然後，與其在公司裡胡亂地找人搭話，或者沒有目的地行動，他反而先找了自己喜歡的前輩。

順帶一提，F離開公司後，已經過了七年，但直到現在，他依然和那位前輩保持聯絡，也會接到他委託的工作。

就算無法順利前進，也不能因此感到絕望，無法和主管或同事打造良好關係也不要責備自己，只要不放在心上，過好自己的日子就行了。

無論如何，和部屬、直屬主管合不來，這種事都可能發生在每個人身上。而且這是常態，能夠只和喜歡的人一起工作少之又少，不是嗎？

我是內向人，我會為了公司的人際關係而煩惱。如果你也跟我一樣，那請你絕對不要放棄，我也希望你能抱持希望。

被大家排擠與孤立，對你來說才是最剛好的狀態，不僅能讓你客觀地看待公司的狀況。而這時，就算你只有一個人也沒關係，請在公司內找到自己「喜歡的人」，並與他建立關鍵人脈。

我相信，當你和那個人一起累積能量並開始行動，公司肯定能夠發生改變。

因為關鍵人脈具有改變公司的力量。

好處❸ 能夠改變組織

1

釐清自己喜歡的人，打造關鍵人脈

2

和「喜歡的人」一起累積能量，並開始行動

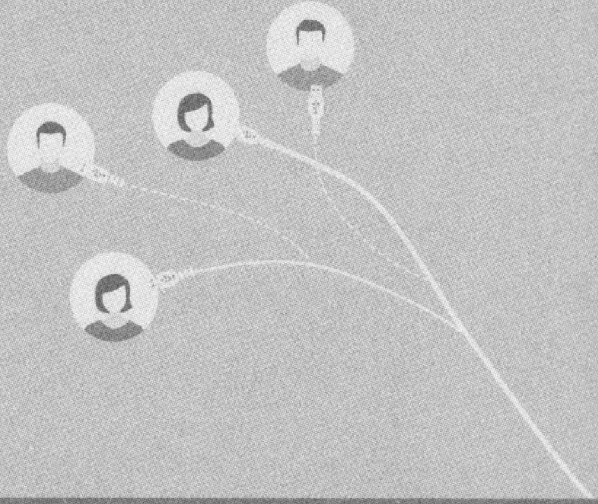

第 4 章

以關鍵人脈建立團隊的三步驟

在生而為人這一點上，我們都是一樣的，但每個人的過去、現在與未來，絕不會一樣。

——漢娜・鄂蘭（Hannah Arendt），

《人的條件》（*THE HUMAN CONDITION*）

20 確認「喜歡的人」能一起共事

步驟 1

和有連結的人結成「團隊」

至今，日本社會有了大幅的改變，傳統組織架構被顛覆，個人不再受到頭銜或公司所限制，人與人之間能一個個串連。

不僅對外向又積極的「人脈怪獸」有利，對內向人來說，也有大轉機。

對我來說，**這是必須和「喜歡的人」打好穩定的關係，建立關鍵人脈的時代，也是需要正視自己情感、熟知自己喜好，才能活躍和展現成果的時代。**

最後第四章，我想說明如何實踐關鍵人脈，打造團隊。

重新檢視自己的內心，該怎麼做才能真正找到自己「喜歡」的人？

然後，怎麼樣才能找到讓自己感覺「就是他了」的人？

最後是，該如何靈活運動關鍵人脈，打造成在工作或人生上對自己有利的「團隊」？

大致上可分為三步驟：

1. 確認「喜歡的人」能一起共事
2. 和喜歡的人保持「熱度」
3. 善用制度，建立更嚴謹的關係

旅行時也想LINE的就是「喜歡的人」

建立關鍵人脈最重要的就是，知道「你喜歡的是誰？」如同第二章提到我在史丹佛學到的七種人脈術。不過，我還有更簡單的方法。

最好的方法就是，**當你在旅行看見漂亮的風景、有驚奇體驗時，你會在第一時間LINE他**。

這裡指的是「跳脫」平常見面的家人、朋友、職場等生活圈，你會想到的人。

有人主張，「因為科技進步，我們的社會變平了」。只要每個人手拿智慧型手機，什麼都查的到；和以前相比，現在只要帶著信用卡或悠遊卡，走到哪都能夠消費。

當然，包括出國旅行，只要擁有智慧型手機，都能暢行無阻。為你的日常生活花點心思做改變，或是看到平常沒見過的景色，你的思考就會變得比平常更敏銳。

換句話說，**離開「日常」的旅行途中，會讓你第一個想到的人會是誰呢？那個人就**

是你「喜歡的」對象，也是能夠成為關鍵人脈的核心人物。

我在旅行結束後，會檢視自己的 LINE 對話紀錄，再次確認自己「喜歡的人」。再次重申，這裡說的「喜歡」並不是指戀愛的情感。

這裡的對象無關性別，只要是和他在一起就會讓你感到開心、或是喜歡這個人的生活方式，甚至和他呼吸相同空氣，都會讓你覺得很舒服，那這些都是你喜歡的人。

詢問對方「最近怎麼花掉一萬日圓的？」

如果不知道對方的 LINE 或其他聯絡方式時，又想要確認對方是否是自己喜歡的人，最有效的方法就是「對話」。

這時，我會提出「殺手級」的問題。如同足球的「絕妙傳球」* 表現出決定勝負的

* Killer Pass 在足球英語是指讓隊友能輕易射門的絕妙傳球。也有 Killer Question「讓對方容易開口講話的提問」的意思。

射門，觀察對方能否回答，也會成為我的參考，判斷自己是否「喜歡」這個人。

第一個殺手級問題是「你認為人工智慧會對你的工作或人生帶來什麼改變？」以媒體業的角度思考，我可以預測到，未來的人工智慧能即時記錄採訪對象的內容，並寫成報導，人類記者的工作將不再有所保障。以金融從業人員為例，機器能夠更迅速回應顧客或貸款審核等工作，使得銀行行員的工作也會消失。

透過這個提問，我就能知道對方是否理解自己的工作，還有對方是否對未來世界的走向有所關心。如果不和這樣的人共事，很容易被時代的發展所淘汰。而我，喜歡和能夠思考未來的人一起工作。

LINE朋友之間的對話也是一樣，關鍵在於要讓自己經常置身於「環境」之「外」。從「當下」思考「未來」的角度看來，未來即為「外」。思考未來的自己，這和出國有點相似。

思考對未來的不安，以及對未來的期待。在那時，你想和誰在一起？想和誰一起看到未來？我想這是非常容易思考的問題。

另一個「殺手級的問題」是，「最近你的一萬日圓是怎麼花掉的？」一萬日圓絕對不是一筆小錢，可以吃還不錯的料理，就算拿來買書，也能買到好幾本。

聽到這個問題，我有朋友回答：「暑假去書店花一萬日圓買書，是我最大的樂趣。」讓我覺得他好帥氣。他不參加聚餐、不賭博又不太出門旅行，他用錢的方式，讓我感覺這個人「相當注重自己」。

我也曾拿這個問題，詢問因工作而認識的節目企畫岡伸晃。

岡伸晃的回答是「壽司」，他的興趣是每週花兩萬日圓享用高級壽司，雖然花的比一萬日圓還多，據說，幾乎會花光他的薪水，這一點真是讓我難以仿效。但以他的思考，和看「拳擊賽」或「舞台劇」等休閒娛樂相比，並不是那麼不合理的金額。在壽司店能夠看到壽司職人熟練的華麗表演，而且還有好吃的美食，他總是這樣說：「對我而言，壽司是一場秀。」

和岡伸晃同樣是三十到四十歲世代的人，很少會選擇成為壽司職人，但現在活躍的壽司職人，卻能夠讓國外客人也了解壽司製作的特別之處，這似乎給了岡伸晃很好的刺激。

觀賞切魚、出菜這些小動作也很有滋味。清楚了解自己喜歡什麼，並在喜歡的事物上投注金錢，同時能培養出自己深刻的洞察力。

試著詢問對方，如何花錢？就能讓你看見對方的本質。

是不是真的「喜歡」？一起散步就知道了

問完殺手級的問題後，你就能了解許多對方的資訊。

當然，**還有另一個有效的方法，就是和他一起散步，能讓你更明確地了解對方。**

偶爾，我也會有邊走路邊訪問採訪對象的機會，有時我也會邊散步邊思考事業或企畫的內容。

要判斷自己是否喜歡對方，在散步時，配合對方的距離和呼吸，短時間內展開的話題和使用的詞彙，每一項都是能幫你判斷的重要因素。

「一起散個步吧！」平常要這樣說，可能不太容易，但開會結束後，試著跟對方說：「最後我還有些事想對您說，讓我陪您走到車站吧！」或是在毫無進展的會議中，提出：「我們能去走走做些腦力激盪嗎？」請試著思考，說什麼話能「成為你們散步的契機」。

據說，古希臘哲學家亞里斯多德也是邊散步邊講課的，如同「散步判定法」所象徵的，「喜歡」的情感並非由一人心中所生，而是透過對話從自己和對方「之間」產生的感覺。

若雙方能不透過言語，而是以肢體進行溝通的話，能讓你更容易發現自己是不是喜歡這個人。

接下來是人工智慧、全球化和人口減少的時代，必須以團隊的力量共同努力，才能解決難題，到時，能與你並肩且有夥伴意識的人，又是誰呢？能保持適切距離，還能義無反顧跟你並肩作戰的人，這種對象在散步的過程中就能發現。

步驟❶ 確認喜歡的人

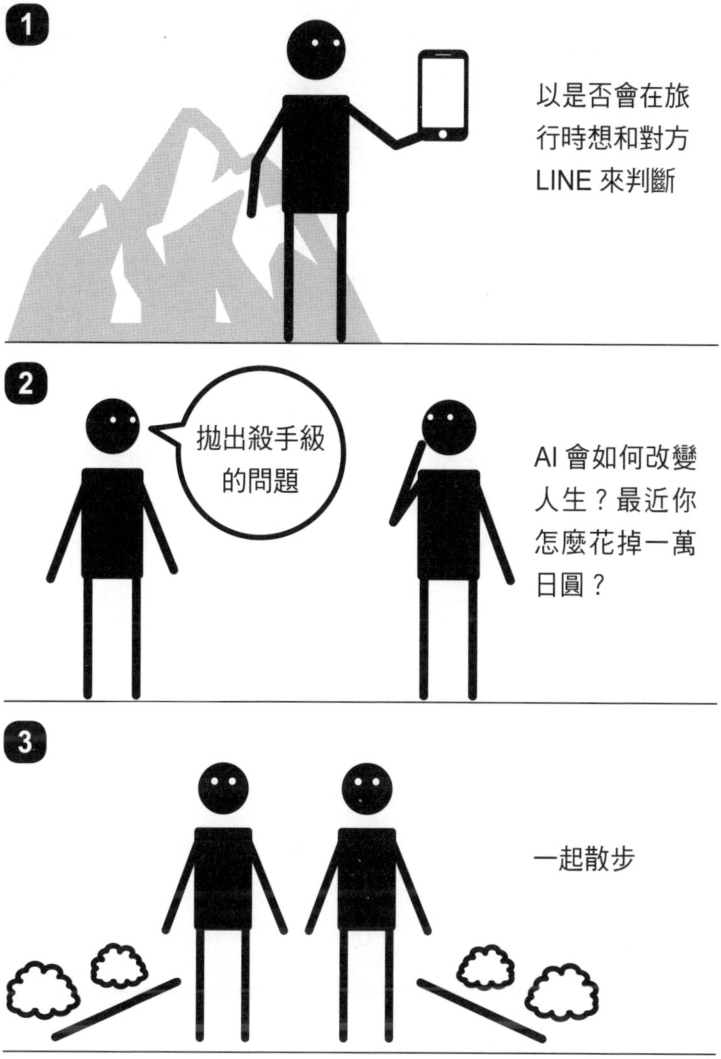
1
以是否會在旅行時想和對方LINE來判斷
2
拋出殺手級的問題
AI會如何改變人生？最近你怎麼花掉一萬日圓？
3
一起散步

21 步驟2 和喜歡的人保持「熱度」

喜歡的人發表意見時，請朝向他

喜歡的人認真發表意見時，我一定會朝向他。

在找到喜歡的人之後，為了將來我能與他共同建立團隊，維持穩定的好關係、使兩人的關係更緊密，這是有效的方法。

請回想第三章提到MIT媒體實驗室所長伊藤穰一所說的話：「這是羅盤勝過地圖的時代。」

在不確定、變化速度又激烈的時代裡，與其擁有事前規劃好的「地圖」，不如學會知道自己的喜好或是自己想做的「方向」，那就能過得更順利。

話雖如此，就算你擁有自己專屬的羅盤，也還會有弄錯方向的可能。不管你有多敏銳，又或者你擁有值得信賴的主管或部屬，他們也不一定完全可靠。

今日的營業額，可能在明天歸零；顧問所給的市場預測，也不過是參考過去資料累積而歸出的結論。此時，你能依靠的，就是值得讓你信賴、喜歡的人。

只要是自己喜歡的人發表意見，我一定會朝向他。我非常重視這個原則，「這個事業現在很熱門」、「你的經歷很適合這裡」、「以企業角度來說，我們朝這裡前進會比較順利」、「這一定很有趣，來試試看吧」、「我想見那個人，我相信我們肯定很合得來」。

如果聽到「喜歡的人」提出這些意見，我會先傾聽，然後肯定地告訴他沒問題，接下來不再過問細節，全力支持。

不管細節如何，只要喜歡的人出聲了，就朝向他點頭。不須恐懼失敗，因為你肯定會有新的發現。而對方對於有所回應的你，肯定也是滿心歡喜。

讓對方喜歡上自己的三個方法

回應對方、朝向喜歡的人當然很重要，但反過來說，如果對方不喜歡自己，那也絕對不行。

此時，**前文所提到的「殺手級問題」就非常有用了。把那些問題拿來問問自己，就能提升你個人的魅力。**自己現在的工作，會因為人工智慧有什麼改變嗎？如果手上有一萬日圓會怎麼使用呢？

前幾天，我買了平常不會閱讀的高價近代藝術書籍。雖然有想過我是不是亂花錢了，但和滑推特不同，我因為翻書而創造出久違的思考時間。

我曾經花了數千日圓購買高級橄欖油，在燙熟的青花菜和鹽一起拌一拌就非常美味，那次的體驗讓我很驚訝，橄欖油竟然也有這麼大的差異。

乍看之下，雖然在日常生活中發生這種無趣的小「變化」，但只要持續思考背後的原因，就能讓你在工作閒聊或吃飯聊天時更有魅力。這不僅能增加對方對你的好感，也可能讓你獲得工作上的建議。可以的話，我建議試著和喜歡的人一起工作。

要讓別人喜歡自己的另一個關鍵是「持續的發表訊息」。

現在可以透過社群網站或 note＊等各種方式，發表自己的想法。生活中的小發現、工作上得到的知識技術，持續把這些事寫成文章然後發表。發表的形式不只有文字，還

＊ note 是非社群網站也非部落格的內容平台，二〇一四年由株式會社 piece of cake 開始提供服務，是一個能在上面發布文章、照片、插畫、音樂、影像的網站。

有影片或聲音、插畫、漫畫。

此外，我也很推薦在週末或假日，積極參加喜歡的活動。要是在那裡提出問題，加上自己的名字，肯定會有人記得你。

我認識的一位報社前輩，每天都會讀自家寫的新聞，看到喜歡的新聞，就會在公司內部的員工資訊網上，查詢寫稿人的電子郵件，然後聯絡對方，持續地約對方喝茶。據說，這就是他在公司內結識朋友，讓自己惹人喜歡的契機。

持續做「有趣的事」，帶給對方違和感

保持和喜歡的人之間的熱度，我認為最有效的方法，就是一直做有趣的事，高中時會讓你覺得很有趣的人，也會在許久沒見的同學會上讓人感覺「奇怪？不有趣了耶」。

不管一個人擁有多有魅力的才能，只要不持續做有趣的事，就無法維持，最終只會

讓人感到膩了、無趣了。

所以，一定要一直做有趣的事。

對我來說，**「有趣的事」就是，能夠「讓人產生違和感的事」**。

這可能是狂喜、憤怒、不安，或是口不擇言所帶來的「不愉快」。只要讓對方覺得，你好像哪裡和平常不一樣，而且不在對方平常會接觸到的生活圈，這樣就能讓他覺得「你是個有趣的人」。

前文提到喜歡壽司的節目企畫岡伸晃，就找了三位壽司職人到新宿的活動中心，舉辦討論壽司二三事的私人活動。

一般來說，活動會讓人聯想到有創業家或藝人站台，由具有知名度的人擔任主角，而岡伸晃所舉辦的活動，主角是壽司職人。我也參加了這場活動，不過因為是一群沉默寡言的職人，所以這場活動中，不像電視上看到的那種你一言我一語的活動景象，但是職人手拿菜刀、談論壽司的模樣，讓人可以感受到「有趣的違和感」。

越能帶給人「違和感」，越能讓你與他人產生好的連結。

不靠酒精維持人際關係

下一個關鍵是，不靠「酒精」維持人際關係。

「下次一起喝一杯吧！」我想這句話在好友、同事或客戶之間時有所聞，不過在維持關鍵人脈，這不是有效的方法。

我個人滿喜歡喝酒的，當我還是個菜鳥記者時，派駐到九州，經常能喝到芋燒酎。不過，酒精雖有好處，也有壞處，就算彼此聊得不起勁，也會因為酒精的作用，讓彼此陷入「我們合得來」的錯覺。

「關鍵人脈」是更靠直覺建立的關係，而非依賴酒精，是由「啊！我跟這個人一起就會感到很開心」的感覺和「喜歡的人」來往。

若是在想喝酒、想要享受時，那就沒問題，不過建立「人脈」時，還是不要光靠酒精與喜歡的人建立關係，才是好方法。

活動邀約，能維持感情又能理解對方

現在幾乎每天在各個地方，都會舉辦有趣的活動。

我只要在臉書或推特上看到活動資訊就會馬上點進去瀏覽，然後轉寄資訊給自己。不只在社群網站，還有市民游泳池或街上餐廳張貼的活動資訊，我也會全部記錄下來。

從工作到分享資訊都能透過網路的現代社會裡，可以超越網路的虛擬空間，將人聚集起來，讓實體活動的價值提高了。音樂表演或慶典能成為一種風潮，也是因為這樣吧。

當然我不可能參加每場活動，但如果其中有看起來特別有趣的，我就會邀約關鍵的同事、朋友或工作夥伴一起參加。

透過活動的話題，看看對方的反應或向對方傳達自己的意見，或者在提問時間若我們之中有人舉手發問，就能看見對方的另一面，以此縮短兩人的距離。

現在如果有活動舉辦，都能在活動中或結束後讀到文章報導，或是在部落格上看到活動紀錄，讓沒有參與活動的人也能知道活動時的狀況。

這種**和對方共享現場觀眾的熱情和講者的表情等氛圍，能幫我們維持雙方的關係**。

特別是在工作上，你必須事前了解對方的「思考迴路」。

假設你在某場活動，聽到創業家在演說時提到「經歷多次的失敗是成功的源頭」，無論同行的人回應是「真的是這樣，接下來我也想經歷失敗。」還是「我反對，最好能避免失敗。那個人應該更有計畫地進行業務。」這些都能成為你思考新企畫的參考。

這也能幫你透過別人說的話，了解對方是會「全盤吸收」，還是「重視自己的意見，批判別人」。因此和對方一同參與活動，能讓你了解對方的「本質」。

創造「人脈爆發期」，偶爾要改變內向的自己

隨著自己的喜好、順從自己的本能與人來往，會漸漸讓人脈走向「停滯」，這可能和之前說的會有些矛盾。

最重要的，就是只和內向的、「喜歡的人」來往。

不過，我偶爾會大膽地將「人脈爆發期」帶入自己的生活。**一掃自己心中的「限制」，只在某段固定的期間，嘗試和很多人接觸。**

我以前曾在藍瓶咖啡的六本木店號召讀者，舉辦連續五天，由《哈芬登郵報》編輯部招待四百杯咖啡的活動。

活動期間，每天我都站在店門口，面對接踵而至的排隊人潮，只要體力許可我就會親自接待來客。有時會聽到有人說：「下次再舉辦這種活動吧！」或是「希望能在媒體上看到這種活動廣告。」

我也會收到「有個有趣的人，希望你們去採訪」的委託，對於每一個人的意見，我都認真地給予回答。

接著，我的臉書會湧入大量的私人訊息。

在這段「人脈爆發期」，我會拚命地回覆每則訊息。我曾經也花上一、兩個小時回覆，在回完訊息時，我會累到不喝威士忌就難以入眠的狀態。

當然，每次做這種事就會累到不成人形，和「人脈怪獸」根本是一丘之貉。

但這就如同「短暫的興奮劑」。

不僅能讓我建立起新的人脈，還因為內向人暫時變「外向」，給了我一個能夠重新審視自己的機會。

在「人脈爆發期」，雖然會有很多構想的企畫或會議，不過想當然耳，全部都沒有實現。不管是因為時程對不上，或者對方的熱情消退，有時也會發生條件改變的狀況。如此一來，這些企畫最終只能中止。

當然，如果是重要的提案，還是會盡可能地調整時程，如果我不這樣做，那就「失格」了。

不過，我也不怕被誤解，雖然我和許多人見面，也有了很多企畫的想法，但只有負責人有強烈的興趣想做好，這計畫才會被認真執行。

即時影音串流網站 SHOWROOM 社長前田裕二的暢銷書《筆記的魔力》中寫到，前活力門社長堀江貴文或幻冬社編輯箕輪厚介，他們在工作時都是屬於「由下而上型」，會對眼前有趣的事產生強烈興趣並轉化。

但前田裕二和屬於「由上而下型」，在立定計畫後，朝著目標前進。無論是創立SHOWROOM時，或先前在UBS證券工作時，據說前田裕二是以「幾年後營業額要達到多少」為目標，而拒絕了交際活動。

但最近，他改變了行動方式，成為「由下而上型」。前田裕二在書中寫到，這是因為「社會的變化」，使得他改變原有的方式。

由於「價值經濟」受到重視，使現在的社會，比起金錢，人們更依賴內心的同感和互助。所以，從終點往回推、不帶感情的處理工作「就會失去人情味，難以聚集深有共鳴的人」這就是他改變的理由。

你是否早就意識到組織的「逆金字塔型」變化，**就算你只和喜歡的人保持接觸，你與喜歡的人也會遇到關係變得僵化的時刻**。這樣一來，自己的工作將走向「由上而下型」，人際關係也會在不知不覺間慢慢褪色。

所以，透過設定「人脈爆發期」，試著持續更新自己的人脈。

也要為內向人企畫活動

藍瓶咖啡的活動，其實是為了慶祝《哈芬登郵報》五週年所舉辦的。因為我實在對於找一大群人到大飯店的聚會，感到很尷尬。

但如果只是在咖啡店舉辦的活動，和一般媒體做法不同，我認為這樣做更能向讀者和相關人士表達謝意，於是和公司負責行銷的同事德田匡志一同企畫這項活動。

我們最花心思的地方，在於這是沒有嘉賓，也沒有主題的活動。為了讓覺得自己是內向人也能前來參加，我們決定讓活動方向朝著只是來喝咖啡、閒聊的形式。

在參加者中，有獨自前來，喝一杯咖啡，與我交換幾句話的人，還有只是來看書就離開的大學生，以及拿出智慧型手機拍攝活動照片，安靜地在推特分享感想的上班族。

雖然有各路人馬來訪，我卻未主動與來場的人攀談。只是讓他們選擇在自己喜歡的時間進來，然後在喜歡的時間，安靜離開。

活動很成功，享受個人咖啡時光、與合得來的人談話，各自度過了自己的時間，其中有位住在千葉縣的三十多歲女性業務，為了參加這次活動，麻煩丈夫接送幼稚園的孩子下課，自己前來會場。她說：「先生在外商金融機構上班，不太常照顧小孩。」儘管如此，當她向先生提出：「《哈芬登郵報》在舉辦這樣的活動，我能參加嗎？」先生很乾脆地回答：「好啊！」

因為顧慮著老公，一直以來都沒能請他幫忙分擔照顧小孩的職責，但在這一次，她提起勇氣說了這句話。這名女性當天只和我交換名片，她後來才寫信告訴了我這件事。

多數的活動，都會提出大格局的主題。例如：「工作方式改革」或「人工智慧與經濟」，並在活動後花時間與參加者進行交流。

但不是每個人都想像「人脈怪獸」那樣，進行浮誇的交際活動。

身為媒體人，希望我未來還能舉辦類似的活動，期望你也能邀請關鍵人脈一同前來參與。

維持和喜歡的人之間的「熱度」

- 喜歡的人提出意見時，一定要聽
- 向自己提出殺手級的問題
- 持續在社群網站上發布訊息
- 不間斷地做有違和感的事、有趣的事
- 不靠酒精
- 邀約朋友參加活動
- 製造「人脈爆發期」
- 企畫專為內向人設計的活動

22 步驟3 善用制度，建立更嚴謹的關係

個人解決不了的課題，要靠團隊

在找到喜歡的人，與他建立關係、維持熱度之後，就必須將關鍵人脈組成專屬你的團隊。

但在說明「團隊建立的方法」之前，我們必須先思考，為什麼現在這個時代，團隊有存在的必要。

因此必須再次強調，現在是個極為不安定的時代。

這可能有點偏離主題，但我想站在比較高的角度來討論現在的世界局勢。

過去，日本是經濟大國，現在已經被中國超越。

二〇一九至二〇二一年，聯合國預算的「各國分攤率」，中國躍升到第二，日本則退居第三。過去日本一直領先蘇聯，始終穩坐第二。但現在的局勢，想必未來，日本在國際上的發言權也會降低！

再者，未來不僅有更多外國勞工進入日本，還有人工智慧的普及，將使得產業也會大幅改變。牛津大學副教授麥克・奧斯伯恩（Michael A. Osborne）預測，「十到二十年內，會被自動化取代或瀕臨消失的職業」中，美國的工作將近占了一半。

銀行融資窗口、房仲業務、餐廳服務生、律師助理、飯店櫃台……日常生活中所能見到的一般工作，都有消失的可能。

還有，過去使對話容易產生親切感的「地方」熱門話題，也逐漸凋零。

我擔任朝日新聞記者約十年，住過宮崎、佐賀、北九州等地區。為了採訪也去過新潟或關西等地，多數地方都能看到拉上鐵門的蕭條商店街。

也有因為少子化而關校的小學，不只有賣場和遊樂場，就連祭典等傳統習俗活動也越來越少。而在東京市區則人來人往，已經無法再靠「地方的夥伴」了。

有別於大家庭，現在核心家庭越來越多，使「家人」、「親戚」越來越少。而且在雙薪家庭的時代，「爸爸上班」、「媽媽是專業家庭主婦」這種典型家庭漸漸消失。

人無法只靠一個人的力量生存，這是事實。但國家、企業、地區、家庭等能依靠的團體逐漸消失。我們能怎麼辦呢？

那就是，以關鍵人脈打造屬於自己的團隊。

和「喜歡的人」成為有金錢往來的關係，建立專業的互助

本書前大半的內容都是以關注每個人的內心感受為重點，並未提到工作上最重要的部分，就是「錢」。

但靠著關鍵人脈術找到自己「喜歡的人」，和他們維持關係，若想要更有成果，在「金錢」方面的往來，是不可避免的。

因為透過支付報酬或領薪，最終這群「喜歡的人」之間才能形成專業「團隊」。

內向人要和其他人組成團隊，這件事乍看很矛盾、難度也相當高，但沒關係，只要透過幾種方式，任何人都能建立團隊。

我成為《哈芬登郵報》的總編輯後，設立了幾種僱傭制度。有一週只要出勤兩次的工讀生，也有擔任寫手、把編輯部當成「臨時辦公室」使用的由自由工作者，還有以好幾個月為單位的約聘人員等，我為了配合這些不同的工作夥伴，讓合約書的範本增加了

許多種類。當然，這些合約內容都是我和對方慎重討論後所決定的，而對於希望能成為正式員工的人，我也會盡可能與對方進行多次討論。

和「喜歡的人」建立關係之後，就與對方簽約，把公司的業務委託給對方！

可以詢問公司的人事部門，我想應該會有各式各樣的僱傭制度，例如：年度薪俸合約、業務委託、帶薪實習等，一定有還沒被妥善運用的制度。

過去這種非正規的僱傭關係，由於經營者會隨意締結或終止合約，導致某種程度上是被某些公司「惡意使用」。但在經營副業和自由工作者日趨增加，只要雙方同意，就能靈活的運用這些制度。

所謂金錢上的往來，指的是「發案」和「提案」的連結，在過程中也會設定「期限」，讓彼此建立更嚴謹的關係。

當然這合作可能使你與關鍵人脈間的關係發生問題，但也可能讓彼此關係變得更穩固。所以在發案時，必須明確的傳達訊息，告訴對方自己希望得到怎麼樣的成果。

接案的一方也一樣，如果有問題就應該確實發問，並嚴格遵守「期限」的約定。

也許你會覺得，這說得有點多餘，但我想有了「發案」和「提案」的急迫感，是更能建立優秀團隊的基礎。

拜託同事幫忙時，很容易因為沒有急迫性，而變得鬆懈。

也有日本企業刻意緩解緊張的關係，讓雙方工作進行能更順利。我也曾聽聞企業會對承包商交辦不合理的難題，但這些都是長久以來過度僵化的組織陋習。

「和自己合拍」的對象，有了金錢勞務關係後會變得如何呢？

你可能會發現對方是個不遵守截止時間、個性鬆散的人，或是有很多藉口，無法拿出成果的人。

當然，也會有相反的情況。對方能夠遵守截止時間，並拿出超越自己要求的商品或企畫，這些都可能發生。

若想讓事情進行順利，這時就傾聽自己內心的聲音、相信自己的直覺。雙方之間有了金錢關係往來，雖然有可能讓關係破裂，但也可能更加牢靠。

如果關係因此變好，那他就會像公司裡一直跟隨你的部屬，能幫助你提升組織力，還有提高好幾倍的工作產能。

金錢，是昇華「個人」與「個人」之間連結的祕密香料。

取個能讓人深刻印象的群組名稱

透過金錢關係而組成「團隊」，就需要多多溝通來推進工作！

雖然有各式各樣的溝通方法，但簡單又值得推薦的，就是使用通訊軟體臉書或ＬＩＮＥ等建立群組。

舉例來說，我曾有過類似的溝通經驗。

一位曾旅居加拿大、二十多歲的創作者孝臣成立了影像創投企業，我和他有一個合作案，《哈芬登郵報》有非常多積極聲援女性賦權的文章，希望也能用影片的方式呈現。

在和孝臣先生討論後，決定發案給他們公司來製作影片。我運用本書的人脈術，認為孝臣先生就是「那個與我合拍的人」，我也用心傾聽了自己的內心。

在和孝臣先生開會的過程中，《哈芬登郵報》的所有編輯和對方的女員工都一起參加這場會議。我們針對社會上男女性別落差的指數進行討論。日本的排名，是全球第一百一十名，位居後位。不僅女性政治人物和女性內閣成員人數很少，女性擔任管理階層的比例，也比其他先進國家還要低。

我們在會議中探討這個議題，思考女性在社會中不平等的問題，得到的結論是應該重新檢視以男性為主的社會結構。

我自己也是育兒時，還要二十四小時都能工作，實在太為人所難，但我們卻被這樣要求。大家一提到應該重新檢視過去「企業戰士」*時期，男性不照顧家庭，只為工作賣命的現象，就很有共鳴。

會議開到最後，大家開始訴說自己內心對於這項議題的想法，雖然已經無關工作，但我還是延長了會議時間，並提出不相關的話題一同討論。

在開會時，我準備了點心，讓大家能一邊享用一邊開會。

在這次會議中，請大家享用的是神田甜點店的「餡蜜」。於是，我將這次的會議命名為「餡蜜會」，開完會建立的臉書群組名稱也設定為「餡蜜會」。

現在只要使用社群網站的群組功能，就能分享自己喜歡的內容。雖然我取的名稱可能有點孩子氣，但我不會取「女性賦權影片製作專案」這種拗口的專案名稱，我也希望透過這種特別的名稱，讓人回想起開會時的「真實情感」。

我在前文提過散步、一起用餐「非語言的溝通」能催生出團隊意識，我也運用到後來的工作中，能時常喚起剛成立專案時的初衷，這對專案後續的進行很重要。

多在群組交流

建立群組之後，再來就是要經常進行交流，我推薦可以使用第一章提到的「溝通加速」。

在這個群組，我會對孝臣先生不停發送喜歡的廣告或新聞影片的連結。不管是在搭電車或在街上散步，只要一想到我就會拿出手機發送訊息。

這麼做可以讓群組的人了解我喜歡的影片類型，我也可以從他們的回應了解他們的

＊ 企業戰士，指的是日本經濟高速發展時，最賣力願為公司粉身碎骨的上班族。

喜好。

後來，在《哈芬登郵報》的新聞影片事業，孝臣先生幫我們製作了事業部的行銷影片、為了圈粉的推特影片和訊息通知影片等。在社群媒體當道的時代，《哈芬登郵報》的影片專家卻屈指可數，因此他可說是為我們完成了相當重要的工作。

在科技急速發展的現代，若無法與時俱進，就會跟不上社會的變化。像是在電視常遇到製作影片人才，還有自由接案的攝影師也非常多。

不過，觀眾看影片的場所已經從電視或電影院，轉移到智慧型手機，需要的技術也日益變化。孝臣先生雖然沒有電視台工作的經驗，但他十分擅長製作、編輯智慧型手機的影片。

面對智慧型手機用戶的新客群，目前能滿足這類客群需求的人才還不夠多。所以像這樣透過關鍵人脈為公司帶來人才、組成團隊，這就是抓住新事業的轉捩點。

畫下專屬自己的「團隊圖」

建立團隊後，就畫下「團隊圖」。

就像公司的「組織圖」一樣，試著創造屬於自己的部門，以圖表說明關鍵人脈所打造的「團隊」。

但不同於公司的「組織圖」，你的團隊成員，並非「只有單一的角色」。

如果你手邊有公司組織圖，可以拿起來看看，我想應該有各種部門：「業務部」、「人事部」、「總務部」、「行銷企畫部」、「商品開發部」等。各部門在做什麼，大致都能想像各部門負責的工作，就算有你不曾交流過的部門。

「為什麼只有我們部門一直在努力，別的部門卻事不關己」、「就是因為有那個部門，公司才無法成長」，難免有人會有這種負面想法。如同前文提到的，在「個人」活躍的社會，公司「組織圖」卻是制式和僵化的。

然而，用這種方式把關鍵人脈建立起來的夥伴，分配到各「部門」，這是很浪費人才的事。

請拿出筆記本，然後寫下夥伴的名字，大約以七個人為起點最好。

接下來，在他們名字的旁邊畫下三個大圈，可用顏色區分。

以我自己為例，先寫下自己的名字「竹下隆一郎」。然後我在旁邊用自己喜歡的顏色畫上綠色、藍色、紫色的圓圈。

接著，在圓圈中寫下擅長的能力。我自己擅長的是「寫作力」、「企畫力」、「英語力」；A的能力是「談判力」、「辦活動力」、「影片力」；B的能力是「資料力」、「英語力」、「食物力」。就算字面上看起來有點奇怪，也不需要在意。

按照這個方式完成七個人擅長的事，就能讓你對團隊有全面的掌握。請以關鍵人脈為出發點來製作團隊圖，不要納入公司部門既有的成員。

在進行某項工作、專案或舉辦活動時，可以拿出這份「專屬自己的團隊圖」。「A和C的共通點真多，那這次以B為中心進行專案吧！」應該會產生這類想法。

不只在工作需要時才活用這份團隊圖，就算是私人舉辦的小活動或聚餐，也能用這份團隊圖來思考，肯定更能快速行動。

腦中浮現過去沒想過的意外組合，也要偶爾更新圓圈裡的「能力」。過去認為是A擅長的「〇〇力」，其實他並不擅長，或者已經落伍了。也可能新增了以前沒有的「活動舉辦力」等。

經常更換技能，提升個人能力是現代社會的日常現象。

畫下組織圖、將關鍵人脈整理成團隊，跨越這個驟變的時代吧！

把關鍵人脈化為組織圖

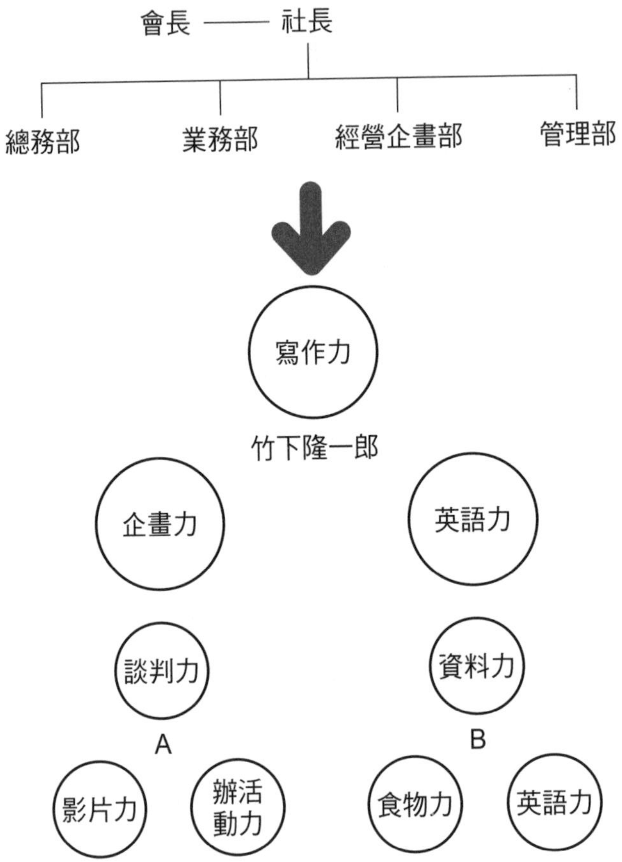

透過組織圖，將關鍵人脈整合成團隊

也要保有和「喜歡的人」說再見的心理準備

有合，必有離，這是肯定會發生的事。

最後，這可能有些矛盾，但未來可能會發生關鍵人脈不再相見、不再聯絡的狀況。因為我們最後都會面臨「死亡」，使我們與親近的人分開，所以無須難過，這只不過是遲早會發生的事而已。

在過去，我也有個非常信賴的工作夥伴，現在完全不聯絡。他改變了媒體業，又喜歡不斷挑戰新事物，現在應該也沒變吧！但是，有次我們兩人起了很大的爭執。

我不太會直接說出討厭對方的地方，常常拐彎抹角，話中有話，但那次我有話直說，深深傷害了他。

那時，他在我眼裡，行事作風正走向保守，經常說出：「雖然是個好點子，但現在還不是時候」、「再放著等一下吧」等「好啊！但是……」的句型。

最後，我甚至連他手錶的顏色都有意見，打從心底討厭他。

我有不成熟的地方，他也有不好之處。

遇到這種時候，雙方能互相讓步就很重要。

但就像磁鐵的正負極，有時就是會相斥。

屆時，就分開吧！然後，肯定也會有新的緣分在等著你。

乍看之下，會讓人覺得很無情，但在「個人力量活躍的社會」，我認為必須接受每個人都是單獨個體的宿命。

就算是因為喜歡而締結了關鍵人脈，也可能會發生合不來的狀況。

到了那時，千萬別忘記做好分開的心理準備。預料到有這種悲慘的結果，也是更了解關鍵人脈的訣竅。

結語
與人連結的魅力和價值

老實說，我到現在都還很疑惑，寫下這本書到底是不是好事？

只和關鍵人脈來往這件事，我擔心會給人減少與人交流、把人分類的印象。

只和喜歡的人來往，很可能讓人對一個靠許多讀者支持的新聞媒體總編輯產生誤解，並讓未來的採訪或商談造成負面影響。

儘管如此，我還是寫下這本書，原因是我認為在現代社會，「聯繫」是媒體最需要思考的事。因為我時時刻刻在思考的就是與「聯繫」相關的事。

據說現在，世界各地都發生了「分裂」。像是美國總統川普將支持者和反對者分為「敵我」的發言；歐盟則有打算排除移民和難民的行動；日本也有網友在社群網站，發表揶揄亞洲特定國家的「仇恨言論」。這就像是與特定的「夥伴」一同關在狹小的空間，然後互相遠離彼此。這種做法，別說能和對方有所聯繫，甚至會變得相互憎恨。

這樣的言論屢見不鮮。

但《哈芬登郵報》的記者和編輯到各地採訪後，也看到了不同的景象。日本當然也有煽動分裂的網路右翼*等「特定團體」，但以社會整體來看，這規模的比率僅占了數個百分點。所以我更在意的是地區、家庭、職場都漸漸地走向分裂。當每個人對工作和生活方式的想法日益多元，價值觀不同的人也大量出現，不僅沒有造成分裂，反而出現無數個小團體。這樣的時代，人與人之間真的能產生聯繫嗎？

日本在明治時代後，統一了全國各地的民族，創造了國家。為了統一各族，利用天皇制度，創建了扭曲的民族主義。

雖然日本二戰戰敗後，開始反思這件事的好壞，但之後日本社會的走向，實際來說卻是集體主義**（collectivism）。每個人從小背著同樣的書包、在同樣的教室內接受同樣的教育，然後在同一個時期畢業，在同樣的時間點開始找工作。之後，隨著代表年功序列制***和終身僱用制的大企業文化，再度擠進大集團，與他人朝著同樣的目標前進。

---

* 網路右翼是部分日本網民利用網際網路討論版發表親近右翼言論的人士，常活躍於匿名留言板網站 2ch、影片分享網站 NICONICO 等，這些人通常不喜歡外交上有摩擦的鄰國，特別是中國及兩韓。

** 集體主義，是主張個人從屬於社會，個人權利受到集體權利的限制，個人利益應當服從集團、民族、階級和國家利益的一種思想理論和精神。

*** 年功序列為日本的一種企業文化，以年資和職位論資排輩，訂定標準化的薪水。通常搭配終身雇用的觀念，鼓勵員工在同一公司累積年資到退休。

泡沫經濟崩壞、網際網路登場後，個人的力量開始受到重視。印象中的「上班族形象」不見了，雖然花了平成年間*三十個年頭，不過至少讓大家開始注意到這件事，副業和自由工作者受到關注也是其中的特徵。

透過網路，就算一個人在家也能工作。透過筆記型電腦或智慧型手機，就能獲得過去人類所沒有的、掌握資訊的力量，包括金錢往來也只要連上網路就能輕鬆進行。

「個人的力量增強，能做到的事變多了，一個人沒什麼不好，也能生存，也不需要創造什麼組織。孤獨萬歲！」雖然內向的我常常這樣想，但最後，又總會發覺，個人是很難生存的，這個理所當然也是重要的事實。

獨自一人就活不下去，人與人之間總是「無意間」就和形形色色的人產生連結。

以餐桌上的白飯、納豆、玉子燒為例。白米來自九州，納豆來自北海道，玉子燒是便利商店買來的。透過玉子燒，我和各種不同的人產生連結：在便利商店上班的人、開著貨車運送商品的人。

吃完早餐後，我滑著手機，同事透過Slack傳來訊息，使我和部屬的早晨產生聯繫。打開LINE，和畢業後二十年都沒見過的高中同學互相聯絡，建立了「LINE群組」，並計畫久違的同學會，還會一則接一則地讀著臉書訊息。

我的個人資料，會透過各式各樣的網路服務，成為某間企業行銷的一部分，這也是偶然產生的連結。

有時，我正在刷牙，準備出門上班，我會收到美國編輯部成員的訊息，在電車上，為了回應美國編輯部的訊息，我拿出智慧型手機，使用谷歌文件製作資料。

※平成年代始於一九八九年一月八日，結果於二〇一九年四月三十日。

無論如何都會跟某個人有連結。

當然，人是獨自來到世間，又獨自離開這世界。

而且人的內心某處會想遠離令人煩躁的人，只想一個人生活。

這種「無論如何都會跟人有所連結」的感覺，讓我感到恐怖，但也有不可思議和隱約的舒暢與興奮感。就算想一個人、自由地生活，只要不是逃到森林裡隱居，還是會與人產生連結。

在這個不可避免與他人產生連結的時代，我想先思考，聯繫到底是什麼？

想要有別於被動產生連結的人際關係，隨著自己的喜好和他人連結。跳脫自己平常的生活圈，發掘其他人所隱藏的魅力，然後一起工作或進行專案。

就算不喜歡也不會害怕人群，時不時還能提起勇氣前進。

相信自己所喜歡的情感和直覺吧！

我就是帶著這樣的想法寫下這本書。

雖然我也有自己的課題，但身為在這個時代的媒體人，我覺得能夠創造讓人與人產生連結的場所，也是一項偉大的使命。

透過日本《哈芬登郵報》發表的文章、影片等內容，或是我們在街上舉辦的活動，創造讓讀者能產生連結、相互對話的契機，我認為，這是我們今後會繼續進行的事。

這並非集體主義，也不是孤軍奮戰的個人，而是像新團隊的「聯繫」。

希望本書也能成為那樣的契機。

翻轉學 翻轉學系列 042

不善社交的內向人，怎麼打造好人脈？

矽谷人不聚會、少出門，也能與人高效連結的「關鍵人脈術」

内向的な人のための スタンフォード流 ピンポイント人脈術

作　　者　竹下隆一郎
譯　　者　李韻柔
總 編 輯　何玉美
主　　編　林俊安
封面設計　張天薪
內文排版　黃雅芬

出版發行　采實文化事業股份有限公司
行銷企畫　陳佩宜・黃于庭・馮羿勳・蔡雨庭・曾睦桓
業務發行　張世明・林踏欣・林坤蓉・王貞玉・張惠屏
國際版權　王俐雯・林冠妤
印務採購　曾玉霞
會計行政　王雅蕙・李韶婉・簡佩鈺
法律顧問　第一國際法律事務所　余淑杏律師
電子信箱　acme@acmebook.com.tw
采實官網　www.acmebook.com.tw
采實臉書　www.facebook.com/acmebook01

I S B N　978-986-507-188-2
定　　價　350 元
初版一刷　2020 年 10 月
劃撥帳號　50148859
劃撥戶名　采實文化事業股份有限公司
　　　　　104 台北市中山區南京東路二段 95 號 9 樓
　　　　　電話：(02)2511-9798　傳真：(02)2571-3298

國家圖書館出版品預行編目資料

不善社交的內向人，怎麼打造好人脈？：矽谷人不聚會、少出門，也能與人高效連結的「關鍵人脈術」/ 竹下隆一郎著；李韻柔譯 . – 台北市：采實文化，2020.10
256 面；14.8×21 公分 . --（翻轉學系列；42）
譯自：内向的な人のための スタンフォード流 ピンポイント人脈術
ISBN 978-986-507-188-2（平裝）

1. 人際關係 2. 成功法

177.3　　　　10901190

内向的な人のためのスタンフォード流　ピンポイント人脈術
NAIKOTEKINAHITO NO TAMENO STANFORD RYU PIN POINT JINMYAKU JUTSU

采實出版集團
ACME PUBLISHING GROUP

翻轉學

翻轉學